# Técnicas y recursos de animación en actividades de tiempo libre MF1868_2

**Amaranta Lara Iglesias**

**Maquetación:** Ediciones Nobel
**Impresión:** Cimapress
**ISBN:** 978-84-283-9685-1
**Depósito legal:** M-8708-2016

Impreso en España

# Autora

**Amaranta Lara Iglesias** (Valladolid, 1977) es licenciada en Pedagogía por la Universidad de Málaga. Se ha especializado en el campo de la Formación Profesional para el Empleo y cuenta además con un postgrado en Inserción Sociolaboral por la Universidad de Valencia.

En la actualidad, ejerce como experta en formación y orientación profesional, de coordinadora de formación de certificados de profesionalidad y formación para trabajadores, así como orientadora laboral con diferentes colectivos.

En su faceta como docente ha impartido formación relacionada con los recursos humanos, la búsqueda de empleo, el autoempleo, y con especial cariño ha impartido en múltiples ocasiones el certificado de profesionalidad Docencia de la formación profesional para el empleo, con una metodología eminentemente práctica.

# Índice

# Introducción normativa

La Ley Orgánica 5/2002, de 19 de junio, de las Cualificaciones y de la Formación Profesional fue el primer texto legislativo que reguló de forma exclusiva las enseñanzas profesionales en España. Una de sus novedades consistió en relacionar directamente la formación con el empleo, permitiendo las convalidaciones y equivalencias entre la Formación Profesional del sistema educativo, la Formación Profesional para el empleo, y experiencia laboral. Para poder desarrollar estas medidas se creó el Sistema Nacional de Cualificaciones Profesionales y dos instrumentos básicos: el Catálogo Nacional de Cualificaciones Profesionales y el Catálogo Modular de Formación Profesional.

Las Cualificaciones Profesionales responden a la iniciativa que impulsa el Marco Europeo de las Cualificaciones (EQF), para facilitar un espacio abierto de aprendizaje y de empleo, así como la adecuación entre oferta y demanda no solo a nivel estatal, sino entre los distintos países.

El Catálogo Nacional de Cualificaciones Profesionales ordena las cualificaciones profesionales, incluyendo el contenido de la formación profesional asociada a cada cualificación, de acuerdo con una estructura de módulos formativos articulados en un Catálogo Modular de Formación Profesional. Entre sus principales objetivos tiene el posibilitar la integración de las ofertas de formación profesional, adecuándolas a las características y demandas del sistema productivo.

Para conseguirlo, este Catálogo, además de identificar y definir las cualificaciones profesionales que requiere el sistema productivo, establece los contenidos formativos básicos que resultan necesarios para que las ofertas formativas garanticen la adquisición de las competencias profesionales apropiadas para el desempeño profesional.

Las Cualificaciones Profesionales se acreditan mediante "Títulos" de Formación Profesional del sistema educativo, y Certificados de Profesionalidad de Formación para el Empleo. Ambas acreditaciones tienen carácter oficial y son válidas en todo el Estado.

Los contenidos asociados a las cualificaciones profesionales constituyen el Catálogo Modular de Formación Profesional, que se estructura en módulos formativos.

Mediante la superación de los módulos formativos, diseñados en itinerarios específicos para cada Cualificación Profesional, se puede obtener el Certificado de Profesionalidad correspondiente. Además, se posibilita la convalidación de determinados módulos profesionales incluidos en los títulos de Formación Profesional del sistema educativo, asociados a Unidades de Competencia comunes.

El Certificado de Profesionalidad es, por tanto, el instrumento de acreditación, en el ámbito de la Administración laboral, de las cualificaciones profesionales incluidas en el Catálogo Nacional de Cualificaciones Profesionales, adquiridas a través de procesos formativos o mediante procedimientos de reconocimiento de competencias profesionales adquiridas por experiencia laboral o vías no formales de formación, regulados por el Real Decreto 1224/2009, de 17 de julio.

**ESTRUCTURA DE UNA CUALIFICACIÓN**

| DATOS DE IDENTIFICACIÓN |
|---|
| Denominación |
| Nivel |
| Competencia general |
| Entorno profesional |

| UNIDADES DE COMPETENCIA | | FORMACIÓN ASOCIADA |
|---|---|---|
| Unidad de competencia 1 | ⟷ | Módulo formativo 1 |
| Unidad de competencia 2 | ⟷ | Módulo formativo 2 |
| Unidad de competencia N | ⟷ | Módulo formativo N |

Las cualificaciones profesionales se estructuran en unidades de competencia, que se definen como agrupaciones de tareas productivas específicas que debe realizar el profesional. Las diferentes unidades de competencia de un certificado de profesionalidad conforman la Competencia General, definiendo el conjunto de conocimientos y capacidades que permiten el ejercicio de una actividad profesional determinada.

Cada unidad de competencia lleva asociado un módulo formativo, donde se describe la formación necesaria para adquirir esa unidad de competencia, pudiendo dividirse en unidades formativas.

El módulo formativo es el bloque coherente de formación asociado a cada una de las unidades de competencia que configuran la cualificación. Cada módulo formativo tiene un formato normalizado que incluye los datos de identificación y las especificaciones de la formación que se incluyen en las ofertas formativas conducentes a la obtención de los certificados de profesionalidad.

**DATOS DE IDENTIFICACIÓN:**

— Denominación.
— Nivel de cualificación al que se vincula.
— Unidad de competencia a la que está asociado.
— Código alfanumérico y duración en horas.

**ESPECIFICACIONES DE LA FORMACIÓN:**

— Capacidades: expresión de los resultados esperados de las personas en situación de aprendizaje al finalizar el Módulo Formativo.

— Criterios de evaluación: conjunto de precisiones para cada capacidad que indican el grado de concreción aceptable de la misma. Delimitan el alcance y nivel de la capacidad y el contexto en el que va a ser evaluada.

— Contenidos formativos necesarios para adquirir las competencias a las que se asocia. Requisitos básicos del contexto formativo: espacios e instalaciones y perfil profesional del formador. Estos requisitos tienen carácter orientador para la normativa básica reguladora de las ofertas formativas.

El presente libro desarrolla el Módulo Formativo denominado "Técnicas y recursos de animación en actividades de tiempo libre", MF1868_2.

Dicho módulo formativo está asociado a la Unidad de Competencia UC1868_2, pertenece a las Cualificaciones Profesionales de referencia: SSC565_3, de nivel 3, incluida en el Certificado de Profesionalidad denominado "Dirección y coordinación de actividades de tiempo libre educativo infantil y juvenil", y SSC564_2, de nivel 2, incluida en el Certificado de Profesionalidad "Dinamización de actividades de tiempo libre educativo infantil y juvenil". Las dos se encuentran dentro de la familia profesional Servicios socioculturales y a la comunidad.

Según el Real Decreto RD 1537/2011, de 31 de octubre, y el RD 1697/2011, de 18 de noviembre, los contenidos que en esta obra se recogen se corresponden con una duración de 60 horas.

Tanto la estructura como el desarrollo del libro se ajustan a los citados reales decretos y más concretamente a los contenidos del Módulo Formativo que le da título "Técnicas y recursos de animación en actividades de tiempo libre", MF1868_2.

Contenidos

1. **Valoración de los centros de interés o ejes de animación en la aplicación de las técnicas y recursos de animación**
   - Selección de técnicas de expresión y animación través de centros de interés o ejes de animación.
   - Psicopedagogía de la expresión: teoría y características.
     - — Valoración de lo lúdico, la expresión creativa y las identidades socioculturales.
     - — Metodologías de aplicación de técnicas y recursos expresivos.
   - Actividades globalizadas: conceptos, características y fundamento.
     - — Diseño y desarrollo de temas globalizadores.
     - — Gestión de las actividades globalizadas.
     - — Métodos para la integración de lenguajes, técnicas y recursos.
     - — Valoración de la creatividad en el diseño de la oferta de actividades de tiempo libre.
     - — Técnicas y recursos para fomentar la creatividad.
   - Metodología para la elaboración del fichero de recursos de actividades: ficha de registro de actividades.
   - Análisis y gestión de las fuentes de información sobre actividades globalizadas y creatividad.
2. **Técnicas de animación, expresión y creatividad**
   - Valoración de técnicas y recursos expresivos: expresión oral, plástica, corporal, teatral, expresión y animación musical, talleres de creación
   - Análisis de los recursos de expresión audiovisual y recursos informáticos: sentido educativo, tipos y recursos.
     - — Valor y utilidad educativa de los lenguajes audiovisuales en el tiempo libre.
     - — Aplicabilidad en contextos educativos de tiempo libre de las tecnologías de la información y la comunicación (TIC).
     - — Técnicas y recursos de expresión audiovisual.
     - — Técnicas y recursos informáticos.
     - — Recursos multimedia.
   - Tipología y aplicación distintas técnicas de animación:
     - — Danzas y canciones.

— Cuentos y narraciones.

— Fiestas tradicionales y recursos lúdicos del folclore.

— Ferias o "Kermeses".

— Veladas: Características, tipos, ritmo y conducción.

— Jornadas-tema.

— "Rallyes" y "Gymkanas".

— Pasacalles y cabalgatas.

— Fiestas tradicionales y folclore popular.

— Actividades multiformes, y otras.

- Métodos para ambientar y dinamizar técnicas de animación: la motivación, ritmos, etc.
- Análisis y gestión de las fuentes de información sobre técnicas y recursos para la animación, expresión, actividades lúdicas y tradiciones populares.

3. **Técnicas pedagógicas del juego**

- Pedagogía del juego y su valor educativo.

  — Funciones del juego en el desarrollo personal.

  — Análisis del valor social y cultural del juego y la actividad lúdica.

- Análisis y aplicación de los distintos juegos y recursos lúdicos.

  — Sistemática de ordenación y catalogación de juegos: según objetivos, edades, contextos, etc.

  — Desarrollo y organización de los juegos y actividades lúdicas: fases, materiales, etc.

  — Sistemática en el desarrollo de soportes para el registro de juegos

  — Recursos lúdicos: tipos, características y aplicabilidad.

- Metodología de participación del monitor en el juego: funciones y dinamización.
- Análisis de la interrelación entre juegos y juguetes.
- Valoración de los centros de recursos lúdicos: definición y características.
- Métodos de adaptación, transformación y creación de juegos.
- Análisis y gestión de las fuentes de información sobre juegos y juguetes.

- Análisis de los juegos físico-deportivo: deportes tradicionales, tipos, características y funciones. Organización según el contexto sociocultural.
  - Sistemática para la organización de juegos físicos y deportivos en diversos contextos: objetivos, materiales, reglas, condiciones, etc.
  - Aplicación de los deportes tradicionales al desarrollo de actividades de tiempo libre.
  - Análisis y gestión de las fuentes de información sobre actividades de predominio físico-deportivo.

4. **Técnicas de educación ambiental.**
   - Aplicación de los fundamentos de la educación ambiental y en actividades de tiempo libre. Valores de la educación ambiental.
     - Análisis como recurso lúdico y educativo del medio natural y urbano: posibilidades y condicionantes.
   - Tipos de actividades en el medio natural: descripción, características, ventajas y limitaciones.
     - Técnicas de descubrimiento/investigación del entorno.
     - Técnicas de orientación.
     - Técnicas y recursos de excursionismo.
   - Rutas y campamentos: diseño, organización, recursos y materiales y medidas de seguridad.
     - Tipología y características de rutas y campamentos.
     - Técnicas de acampada: materiales, instalaciones, conservación, idoneidad, ubicaciones, etc.
     - Sistemática para la organización y diseño de rutas y campamentos.
     - Utilización y mantenimiento del material individual y comunitario.

5. **Evaluación y prevención de riesgos en actividades medioambientales: seguridad y salubridad.**
   - Sistemática para la detección de potenciales causas y situaciones de riesgo y accidentes en las actividades de tiempo libre.
   - Análisis y aplicación de la normativa de seguridad e higiene aplicable según los diferentes contextos: prevenir, evaluar y catalogar riesgos.
   - Aplicación de las medidas de prevención, seguridad y control según los diversos contextos, circunstancias, momentos, actividades y participantes.

- Valoración de los elementos de la red de intervención sanitaria próxima y remota y del sistema de protección civil: identificación, localización, ámbitos de intervención, etc.
- Protocolos de intervención, medidas sanitarias básicas, técnicas de primeros auxilios y traslado de accidentados en diferentes supuestos de accidentes y delimitar ámbitos de intervención.
- Utilización y composición de un botiquín de urgencias.
- Responsabilidad civil y penal: conceptos y alcance.
- Gestión de seguros para actividades de tiempo libre infantil y juvenil.
- Análisis y gestión de las fuentes de información sobre actividades de educación ambiental, campismo y excursionismo.

# 1. Valoración de los centros de interés o ejes de animación en la aplicación de las técnicas y recursos de animación

**Palabras clave:** psicopedagogía de la expresión, centros de interés, lúdico, creatividad, identidades, técnicas animación, globalización, actividades globalizadas, técnicas de creatividad, registro de actividades, fuentes de información.

## Introducción

La educación en el tiempo libre consiste en procurar que los niños y niñas o adolescentes cubran sus necesidades, intereses y motivaciones con un propósito educativo pero también lúdico.

El monitor es uno de los elementos más importantes en la educación en tiempo libre, y es el responsable de realizar la programación de las actividades de tiempo libre. En su programación elegirá unos objetivos claros y bien definidos, y dará especial importancia al conjunto de actividades de tiempo libre que se van a realizar con el grupo de niños y niñas o adolescentes.

Es responsabilidad del monitor de tiempo libre escoger las técnicas adecuadas para desarrollar las actividades, así como realizar su evaluación posterior y reformular dichas técnicas en caso de ser necesario.

El éxito de las actividades propuestas por el animador sociocultural viene determinado en gran parte por la mayor o menor motivación que generen las propuestas en los destinatarios de la animación.

# Contenido

1.1. Selección de técnicas de expresión y animación a través de los centros de interés o ejes de animación.
1.2. Psicopedagogía de la expresión: teoría y características.
1.3. Actividades globalizadas: conceptos, características y fundamento.
1.4. Metodología para la elaboración del fichero de recursos de actividades: ficha de registro de actividades.
1.5. Análisis y gestión de las fuentes de información sobre actividades globalizadas y creatividad.

## 1.1. Selección de técnicas de expresión y animación a través de los centros de interés o ejes de animación

Los **centros de interés** o ejes de animación facilitan que, el monitor y los grupos infantiles y juveniles, trabajen un conjunto de contenidos agrupados según unos ejes de centrales elegidos en función de las características y necesidades naturales de los destinatarios y para un grupo de edad concreto.

> *Los **centros de interés** forman parte del método pedagógico ideado por **Ovide Decroly**, y se caracterizan por organizar los temas de estudio en función de las necesidades e intereses de los niños/as en cada edad.*

Los centros de interés son una referencia para que el monitor/a de tiempo libre organice los objetivos y las actividades, ya que solo con unas actividades de tiempo libre centradas en los intereses de las personas participantes garantizan su curiosidad por los aprendizajes y el mantenimiento la atención y motivación.

Para Decroly las necesidades básicas de las personas son similares y por tanto los centros de interés tienen validez general. Los principales centros de interés se agrupan en cuatro bloques de necesidades:

- Necesidad de alimentarse: comida, bebida, respiración, limpieza...
- Necesidad de protegerse contra la intemperie: frío, viento, humedad...
- Necesidad de defenderse de los peligros: accidentes, enfermedades...
- Necesidad de actuar y vivir en sociedad: trabajar, divertirse, descansar...

Las fases que podemos seguir para seleccionar los centros de interés son:

1. **Análisis de la realidad**

   En primer lugar realizaremos nuestra propia propuesta de los centros de interés a trabajar, que se basarán en el análisis de las necesidades, motivaciones y expectativas del entorno y del grupo infantil, adolescente o juvenil con el que vayamos a trabajar. Por ejemplo en grupos infantiles, les interesa todo lo relacionado con la pregunta de dónde venimos, los dinosaurios, los animales, el Sistema Solar...; y en grupos de adolescentes, lo relacionado con la independencia, la sexualidad, el sentimiento de pertenencia a grupos... Algunas preguntas que pueden orientar este apartado son: ¿qué temas son de interés para el grupo?, ¿qué actividades podemos llevar a cabo en relación a ellos?, ¿qué potencial didáctico tienen?, ¿son útiles para alcanzar los objetivos de trabajo?, etc.

2. **Elección del centro de interés**

   Para elegir los centros de interés sumaremos nuestras propias propuestas a las propuestas del grupo participante (siempre que el grupo sea lo suficientemente maduro para ello).

   Cada uno de los participantes del grupo tendrá que presentar su propuesta explicando a través de la argumentación, el porqué de su elección. Algunas de las preguntas que el monitor debe hacerse y resolver en esta fase: analizar quienes propusieron los temas, si los temas que se corresponden con su grupo de edad, si se pueden agrupar varios temas en uno, el grupo se inclina por la propuesta de algún miembro porque es un líder, podemos conducir al grupo de una manera reflexiva al consenso en la elección de los centros de interés, etc.

3. **Desarrollo del centro de interés**

   Para ello pondremos en marcha las diferentes técnicas de animación en función del eje de interés a trabajar. Por ejemplo con grupos de adolescentes podemos trabajar la diversidad de grupos étnicos y sociales con la técnica sobre los prejuicios, que consiste en etiquetar a cada participante con un nombre (gitano, discapacitado, anciano...) sin que la persona sepa qué etiqueta tiene pegada, los demás lo tratan según lo que la etiqueta les diga y tiene que descubrir quién es.

4. **Seguimiento y evaluación**

   Como en toda actividad educativa, durante y después del desarrollo de las actividades de tiempo libre evaluaremos si se han alcanzado los objetivos propuestos. En caso de no ser así, investigaremos qué es lo que ha fallado (los ejes de animación elegidos, las técnicas seleccionadas, la actuación del monitor...), e introduciremos las mejoras necesarias para las siguientes actuaciones. La evaluación no solo se realizará al final, sino que se hará un seguimiento del desarrollo de los centros de interés, pudiendo introducirse los cambios necesarios sobre la marcha.

Una vez seleccionados los centros de interés, Decroly propone un método para desarrollar dichos centros siguiendo actividades organizadas en tres etapas:

1ª. **Observación**: siempre que sea posible permitir a los destinatarios un contacto directo con la realidad: objetos, situaciones, seres vivos, etc. Realizar excursiones, visitas, campamentos, etc.

2ª. **Asociación**: relacionar las experiencias de la observación directa con nuevos conceptos o adquisiciones. Mostrar recuerdos, imágenes, experiencias pasadas en el momento en que hacemos una nueva presentación.

Utilizar la brújula y el mapa durante una excursión, escribir un diario en el campamento de verano, etc.

3ª. **Expresión y experimentación:** los conceptos adquiridos, comprendidos y asimilados son comunicados a los demás con diversos medios de expresión. Dibujar un mapa del campamento, escribir una canción sobre la brújula, realizar manualidades, etc.

**Actividad práctica:**

*Si los destinatarios de nuestras actividades de tiempo libre son un grupo de niños y niñas de entre 0 y 3 años, podríamos escoger como eje de animación las frutas. Las actividades se organizarán en las tres etapas: primero observarán directamente las frutas (probar su sabor, tocar, oler, mirar...); después harán asociaciones y comparaciones a través de juegos con fotografías o dibujos que ellos hagan sobre las frutas (canciones, reconocer nombres, ser cada niño una fruta...); y finalmente experimentarán con las frutas (con ayuda del monitor pueden hacer mermelada de fresa, macedonia de frutas, zumos...).*

Los monitores/as al realizar su programación de ocio y tiempo libre utilizaremos diversas técnicas de animación para trabajar los centros de interés seleccionados, así conseguiremos conectar en la intencionalidad educativa con la motivación en los niños/as y adolescentes.

La programación de actividades de tiempo libre incluirá los objetivos que se quieren alcanzar con el grupo destinatario de las acciones de tiempo libre. Los objetivos fijados los trabajaremos a través de los centros de interés que creamos pertinentes en función del grupo de edad de los destinatarios. Y para conducir al grupo hacia los objetivos previamente fijados el monitor/a escogerá las técnicas de animación más adecuadas.

Las **técnicas de animación** son las vías que van a llevan al grupo a conseguir los objetivos alcanzados, son las distintas actividades que el monitor/a propone al grupo infantil o juvenil durante el camino que les conduce a los objetivos previamente fijados en la programación.

*Según **Rafael Mendía Gallardo** (1995) las **técnicas de grupo** son maneras, procedimientos o medios sistematizados de organizar y desarrollar la actividad de grupos infantiles o juveniles. Estas técnicas constituyen procedimientos fundados científicamente y suficientemente probados.*

Las técnicas no son un fin en sí mismas, sino el medio para alcanzar el objetivo propuesto. Por tanto, no existen técnicas de animación mejores ni peores, sino técnicas más o menos adecuadas en función de cuál sea nuestro objetivo a alcanzar y nuestro eje de animación a trabajar. Además una técnica puede ser aplicada de un modo efectivo, o en cambio se puede realizar con apatía o desconocimiento, en cuyo caso el resultado será desastroso.

Por tanto, como monitores/as de tiempo libre tenemos que conocer diferentes técnicas de animación para poder elegir entre ellas las más adecuadas. Y una vez que conozcamos diferentes técnicas las seleccionaremos en función de los siguientes factores:

- ***Objetivos***: la elección de las técnicas de animación tiene que hacerse considerando los objetivos o metas propuestos en la programación. Hay técnicas especialmente elaboradas para promover:
  - Intercambio de ideas y opiniones (Discusión); toma de decisiones (Estado Mayor); aprendizaje de conocimientos (seminario, simposio); comprensión vivencial de situaciones (*Roleplaying*, entrevistas); participación total (Phillips 66, Bola de nieve); pensamiento creador (*Brainstorming*); capacidad de análisis (Estudio de casos); etc.
- ***Edad de los participantes***: cada grupo de edad tendrá unas necesidades e intereses diferentes, que tendremos que conocer ya que son universales.
- ***Tamaño del grupo***: en los grupos pequeños, en los que hay mayor cohesión y confianza, las técnicas serán más informales y permisivas (debates, asamblea...); mientras que en los grupos grandes las técnicas serán más directivas y se establecerán varios subgrupos (*Philips 66*, panel, etc.).
- ***Madurez y entrenamiento del grupo***: para grupos poco experimentados en dinámicas grupales escogeremos técnicas de animación más sencillas (tormenta de ideas, puzzle), si el grupo es más maduro podremos usar otras más complejas (*Roleplaying*, el lazarillo)
- ***Características de los participantes***: intereses, motivación, expectativas, predisposición, etc. Por ejemplo si nos encontramos un grupo con poca predisposición utilizaremos técnicas que llamen la atención (Rumor, etc.).
- ***Espacio donde se desarrolla***. Tendremos que prever el tamaño del local que necesitamos y la duración de la técnica que vayamos a desarrollar para que esta no se vea perjudicada por la falta de espacio o del tiempo necesario.
- ***Contexto*** en el que se desarrolla la acción. Contemplaremos el medio, que puede ser en el interior, aunque otras técnicas necesitarán realizarse en

el exterior (campo, parques, pistas deportivas, etc.); pero también el ambiente institucional en el que estemos desarrollando nuestra actividad (idearios, presupuestos, etc.).

- ***Capacidades del monitor de tiempo libre***. La experiencia es un factor clave que nos permitirá un mejor desarrollo de nuestra actividad profesional a medida que conozcamos más técnicas y tengamos mayor experiencia en su uso. También elegiremos las técnicas en función de cuales sean las más afines a nuestras cualidades, características personales y aptitudes.

## 1.2. Psicopedagogía de la expresión: teoría y características

La **psicopedagogía de la expresión** propone desarrollar al sujeto a través la ludocreatividad y el método científico, considerando el entorno cultural y las diversas formas de participación de cada uno, y promoviendo la definición de la propia identidad y el desarrollo de las capacidades personales.

La psicopedagogía de la expresión se basa en la metodología lúdica, en que los niños/as aprendan jugando. El estado emocional de las personas, especialmente los niños/as, determina la calidad del aprendizaje, transformándolo en un aprendizaje significativo y útil. Por tanto, y dado que la motivación es la base de toda acción, si sabemos motivar a las personas a través de los juegos conseguiremos que se impliquen y que los aprendizajes que realicen sean significativos.

> *El principal exponente de la **psicopedagogía de la expresión** en la actualidad es el pedagogo **Raimundo Dinello**, para quien esta propuesta pedagógica se basa en el reconocimiento de la naturaleza humana que se impulsa lúdicamente en los aprendizajes y en nuevas relaciones, que es creativa en la medida que puede expresarse y que desde la interactividad con el objeto creado surge la posibilidad de una articulación con: los conocimientos, la propia subjetividad y la comprensión de valores que lo relacionan a la integración social.*
>
> *El propósito de la Psicopedagogía de la expresión, es ofrecer a los niños/as y jóvenes la oportunidad de experimentar, descubrir, dar forma a sus expectativas por su propia iniciativa, con la finalidad de desarrollar sus potencialidades, desenvolver un pensamiento propio y actitudes creativas en diálogo con los otros alumnos y docentes.*

Las principales **características** de la psicopedagogía de la expresión lúdico-creativa las podemos resumir en:

- Crear situaciones pedagógicas a partir de las áreas de expresión lúdico-creativas, que podemos resumir en cinco modalidades artísticas: expresión plástica, musical, escenográfica, de movimiento psicomotor, de danzas y leyendas del folclore. Estas áreas de expresión posibilitan a niños/as y adolescentes descubrirse como protagonistas de sus aprendizajes y comprender que todo crecimiento se inicia desde el interior de sí mismos/as.

- Utiliza el método del *aprendizaje por descubrimiento (método científico)*, que permite al destinatario experimentar, descubrir y realizar conclusiones por sí mismo, lo que abre nuevas vías de aprendizaje.
- Se organizan las actividades con *grupos heterogéneos*, entendiendo la heterogeneidad como favorecedora de la dinámica interactiva y comprendiendo cómo la complementariedad de lo distinto enriquece la construcción de nuevos conceptos.
- Es una *pedagogía contextual* porque parte del entorno cultural del niño/a, adolescente o joven (de lo que él es, de lo que sabe, de los elementos familiares que trae de su medio de vida habitual...) y comprende que la complementariedad de lo distinto enriquece la construcción de nuevos aprendizajes.
- Se alfabetiza naturalmente a partir del universo cultural de los destinatarios buscando situaciones de *aprendizaje significativo* para cada persona.

> ***David Ausubel** acuñó el término **aprendizaje significativo**, que es el tipo de aprendizaje en el que un estudiante relaciona los conocimientos previos que ya posee con los nuevos conocimientos o ideas que va adquiriendo, de este modo la estructura de los conocimientos previos sirve de base a los nuevos conocimientos y se construye el nuevo aprendizaje (aprendizaje significativo).*

### 1.2.1. Valoración de lo lúdico, la expresión creativa y las identidades socioculturales

La Psicopedagogía de la Expresión se sustenta en tres pilares básicos: el impulso lúdico, la expresión creativa y la identidad sociocultural. Son tres elementos que permiten comprender al sujeto en sus múltiples facetas y percibirlo en su unicidad.

La expresión, la lúdica y la creatividad no se entienden como materias o actividades aisladas del aprendizaje de la vida cotidiana, ni como actividades complementarias a la programación de actividades de tiempo libre. Sino que están integradas en cada apartado de la programación y forman parte de las técnicas que se aplican en el día a día.

El **impulso lúdico** es una necesidad de actividad o movimiento, el deseo de experimentar para aprender cosas nuevas, y de relacionarse con otros, es decir, es la energía que motiva al aprendizaje y permite interiorizarlo. Lo lúdico es un conjunto de fuerzas instintivas que pueden transformarse en una actitud lúdica y en una diversidad de juegos, para que cada persona pueda conocerse a sí misma e interactuar socialmente con otros individuos.

Para Dinello, 1990 "la creatividad se concibe como una forma particular del ser para idear y producir nuevas realidades; ensayar innovaciones en procesos de adquisición de conocimientos, sonidos, movimientos, de forma relativamente autónoma y original".

La **expresión creativa** es la capacidad de una persona de expresar lo que tiene dentro a través de la creación de ideas, realizaciones... comunicándolo a otras personas y generando nuevos aprendizajes. La expresión es una manifestación de las ideas de la persona para dar sentido a la realidad a través de la expresión artística: lenguaje musical, formas plásticas, mensaje teatral, movimiento ludo-corporal, u afirmación de identidades del folclore.

Según Dinello, las actividades de expresión son aplicables en todos los grupos de edad siguiendo una **secuencia metodológica** a través da la interacción entre *sujeto* – objetos – sujetos ya probada:

a) Introducción o iniciación lúdica.

b) Actividades de expresión creativa.

c) Preguntas o conflictos pedagógicos.

d) Experimentación y/o búsqueda de información.

e) Articulación de nuevos conceptos, con posibles replanteos y despejando conclusiones.

A través de las actividades de expresión el sujeto afirma su propia identidad del sujeto, ya que aprende a convivir con sus emociones y esta madurez le ayuda en su convivencia social. La búsqueda de conocimientos está relacionada con quién somos y qué deseamos ser, es decir, con nuestra **identidad sociocultural** (aspectos biológicos, culturales, comunitarios...), por tanto determina también los aprendizajes y conocimientos adquiridos.

La pedagogía de la expresión respeta y afirma las identidades socioculturales, ya que contempla al sujeto dentro de su contexto cultural y la heterogeneidad del grupo de participantes es recogida como enriquecedora de los aprendizajes. Además, no se pide al niño/a y adolescente que reproduzca los conocimientos que le han sido transmitidos —modelo— del modo más parecido posible (escuela tradicional), sino que se busca que cada persona resuelva su aprendizaje con una solución creativa y única de acuerdo con su propia identidad.

**Actividad práctica:**

*Somos monitores/as de tiempo libre en un campamento para jóvenes y organizamos un roleplaying con entrevistas a personajes famosos que en algún momento de su vida han recibido un trato diferente debido a su clase social, etnia, raza, ideología, religión, etc. La vivencia lúdica de esta dramatización y la reflexión sobre los sentimientos experimentados posibilitan que los jóvenes profundicen sobre cómo están viviendo sus vidas y cómo se están relacionando consigo mismas, con sus familias y con su entorno (desarrollo personal y colectivo).*

### 1.2.2. Metodologías de aplicación de técnicas y recursos expresivos

Las metodologías deben ser coherentes con la pedagogía en que se sustenta. Por tanto la psicopedagogía de la expresión implica una aplicación metodológica basada en las áreas de expresión, que son las que corresponden al arte en sus distintas ramas: las formas plásticas, el mensaje teatral, el lenguaje musical, el movimiento ludo-corporal y la afirmación de identidades del folclore.

Existen varias áreas de expresión, pero es el conjunto integrado de todas ellas el que ayuda a conformar los nuevos conocimientos y construye la personalidad de los niños/as. Estas áreas de expresión artística pueden aplicarse de los siguientes modos:

- *Área de expresión plástica*. Se realizan descubrimientos producidos por la percepción plástica de objetos: las diferentes formas, texturas y colores, la creación de trazos, marcas, formas tridimensionales... ayudan a la lógica matemática y permiten la creatividad.
- *Área de expresión teatral o escénica*. Se desarrollan las capacidades de representación y de comprensión de la realidad con el teatro, títeres, juego de roles, dramatización de cuentos, disfraces, máscaras... promoviéndose habilidades de resolución de conflictos interpersonales y la maduración de las personas.
- *Área de expresión musical*. Se posibilita la apreciación de sonidos, ritmos, melodías, experiencias de diferenciación auditiva, práctica de canciones

e instrumentos... sentando así las bases para el lenguaje, los idiomas y la comunicación social.

- *Área de juegos y recreación motora.* Desarrollando la expresión corporal se consigue la coordinación psicomotriz, la maduración del esquema corporal, el placer del movimiento... asegurándose el funcionamiento biológico y el bienestar anímico de la persona.
- *Área de iniciación cultural.* Las actividades de juegos tradicionales, narración de cuentos y leyendas populares, las danzas y canciones del folclore... permiten comprender la historia de un pueblo, asegurar la integración socio-cultural, y dar referencias para los procesos de identidad.

## 1.3. Actividades globalizadas: conceptos, características y fundamento

La globalización es el hecho psicológico por el cual el niño/a percibe el todo antes que las partes que constituyen un objeto. Por tanto, el conocimiento del niño/a avanza desde la percepción del conjunto hasta llegar a las partes y, después, a partir de ello, reconstruir el conjunto.

> ***Globalización*** *es el otro pilar de la pedagogía de* ***Decroly****, siempre aprendemos de forma global, primero se analiza un todo y luego se va analizando sus partes. Una vez percibida la totalidad, la curiosidad lleva a investigar las partes.*

Los niños/as no captan las cosas por sus detalles y partes aisladas (que irán uniendo hasta obtener una imagen completa de un objeto) sino que por el contrario, perciben las cosas por su globalidad. Por ejemplo, trabajando los medios de transporte, el niño/a percibe un coche en su totalidad, y posteriormente empezará a percibir matices como el color, el tipo de vehículo, un determinado adorno, características de su diseño...

Si como monitores queremos que en los destinatarios de nuestras acciones de tiempo libre se produzca un aprendizaje significativo, tendremos que presentar los nuevos contenidos de forma contextualizada que es como se percibe la realidad. Evitando tratar la realidad de forma fragmentada y compartimentada (asignaturas académicas), ya que para los niños/as no existe tal división, sino que en cualquiera de las manifestaciones de la realidad hay factores afectivos, cognitivos, expresivos, psicomotores, etc.

El concepto de globalización está estrechamente vinculado a los centros de interés, a la psicopedagogía de la expresión y a la creatividad. A partir del concepto de globalización se formulan los centros de interés (el niño/a aprende lo que le interesa de acuerdo con sus necesidades). Las actividades globalizadas son un conjunto de actividades que giran en torno a un centro de interés o eje de animación.

Esta gestión global de actividades permite al monitor/a gestionar de forma más contextualizada y global la educación en el ámbito del tiempo libre y permite al destinatario integrar de forma más natural sus aprendizajes.

Son **características** de las actividades globalizadas:

- Aproximan a los niños/as y jóvenes a la comprensión de la realidad mediante la construcción de *conceptos amplios y diversos*.
- Son actividades que responden a los *intereses y necesidades* de los destinatarios.
- Despiertan en niños/as y jóvenes la *motivación* por el aprendizaje.
- Los participantes en la actividad de tiempo libre ponen en marcha un *proceso activo* de construcción de conocimientos que parte de su motivación e implicación.
- Posibilitan la construcción de *aprendizajes significativos* y funcionales, a través de la conexión entre los conocimientos nuevos y los que ya se poseen.
- Introducen contenidos del *contexto experiencial* de los destinatarios.

**Actividad práctica:**

*Somos monitores/as de tiempo libre en actividades paracurriculares en el marco escolar y trabajaremos desde un enfoque globalizador "Conozcamos nuestro barrio". Proponemos múltiples actividades globalizadas sobre el centro de interés nuestro barrio.*

*Agrupamos a las personas participantes en pequeños grupos y les pedimos que conversen sobre los lugares que más les gusten del barrio, lo que les llama la atención... de esta manera recabaremos toda la información que poseen los niños del barrio; también realizarán un dibujo de su barrio, para que al final de la actividad aprecien todo lo que aprendieron; empezaremos a preparar las visitas al barrio; en el área motora: a partir de diferentes juegos trabajaremos los conceptos de lateralidad, itinerarios y para que el día que se realice la salida; en expresión plástica: exploraremos los conceptos referidos a Educación Vial dibujando señales de tráfico que luego se podrán utilizar en la salida; en expresión musical: se les pide que graben la salida para luego, trabajar los sonidos del barrio y compararlos con los sonidos de otros barrios, con los del campo y realizar una investigación sobre la contaminación acústica; antes de la salida trabajarán con el plano del barrio, situarán el colegio y sus casas, y se trabajará con Google maps para observar su barrio desde distintas perspectivas; etc.*

### 1.3.1. Diseño y desarrollo de temas globalizadores

El enfoque globalizador permite que los niños/as y jóvenes aborden las experiencias de aprendizaje de forma global, interrelacionando mecanismos afectivos, intelectuales, expresivos. Este enfoque afecta tanto a la formulación de los objetivos como a la selección de las técnicas y actividades de animación.

Para el diseño y desarrollos de temas globalizadores en actividades de tiempo libre infantil y juvenil realizaremos una **programación de actividades de tiempo libre infantil y juvenil** en la que incluiremos los siguientes elementos:

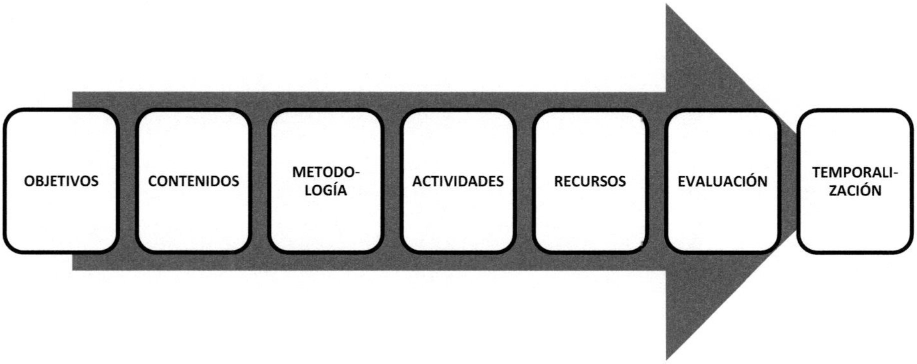


- **Objetivos:** son las capacidades, habilidades, destrezas y actitudes que pretendemos desarrollar en los destinatarios al final de las acciones de tiempo libre. Se refieren a lo que los niños/as y jóvenes serán capaces de hacer, una vez adquiridas las competencias necesarias.
- **Contenidos:** son el conjunto de conocimientos que debe alcanzar los destinatarios de las actividades de tiempo libre. Estos contenidos vamos a organizarlos en torno a los centros de interés (en los niveles más altos del sistema educativo se organizan en torno a materias, módulos o asignaturas).
- **Metodología:** es el conjunto de las estrategias y técnicas que utiliza el monitor/a para que los destinatarios de las actividades de tiempo libre aprendan de la manera mejor y más fácil.
- **Actividades:** son un conjunto de acciones que el monitor/a propone a los niños/as y jóvenes, y cuya realización implica el aprendizaje de un determinado contenido. Al diseñar un conjunto de actividades, teniendo en cuenta los objetivos y contenidos, se ayudará al alumno a su consecución.
- **Recursos:** pueden ser materiales (herramientas, utensilios, materiales didácticos...) o humanos (monitor/ra, coordinador/a...) que ayudan a desarrollar las actividades de tiempo libre.

- **Evaluación:** se comprueba si los participantes de las actividades de tiempo libre han alcanzado los objetivos previstos. Además, es una reflexión sobre todos los elementos de la programación con el fin de modificarlos si fuese necesario.
- **Temporalización:** es una planificación más o menos precisa de la duración y momento de cada uno de los diferentes elementos de la programación (contenidos, actividades, recursos, evaluación...).

**Actividad práctica:**

*Somos monitores/as en una ludoteca y vamos a trabajar con un grupo de niños/as de 3 a 4 años durante 2 horas. Si nos centramos en los materiales y la temporalización podríamos organizarnos del siguiente modo:*

- *Espacios y materiales: distribuimos la sala en áreas de juego (juegos de puntería, construcciones, juego simbólico-casita, médico, tienda- y dramático, etc.), y preparamos los materiales (juguetes seleccionados para esta edad)*
- *Temporalización: 10:00 juego de acogida; hora 10:10 corro para la presentación de los espacios de juego y recordar las normas. Cada niño/a expresa dónde y con quién jugará. Acordamos tiempos para el uso de los espacios más solicitados; hora 10:25, inicio del juego libre; hora 11:20, anunciamos que pronto terminará el tiempo de juego y repetimos a los 5 minutos; hora 11:30, comenzamos a cantar una canción-juego para reunir al grupo; hora 11:35, en corro terminamos la sesión todo el grupo junto, evaluamos y tratamos los posibles conflictos (a qué se ha jugado, con quién, si ha habido algún conflicto, etc.); hora 11:55 (máximo), recogemos la sala, dejando los juguetes en su sitio.*

Uno de los elementos al que más tiempo le tendremos que dedicar los monitores/as de tiempo libre es al desarrollo de las actividades. Sobre todo cuando queramos llevar a cabo unas actividades globalizadas y de acuerdo con el centro de interés que estemos trabajando.

En función de la finalidad que queremos conseguir con estas actividades las podemos clasificar en:

- **Actividades de introducción-motivación:** sirven para presentar el centro de interés, y pretenden motivar y proporcionar una idea general de la actividad a realizar.
- **Actividades de detección de conocimientos previos:** sirven para conocer las ideas, opiniones, aciertos o errores conceptuales de alumnado sobre los conceptos relacionados con el centro de interés a trabajar, y permiten establecer relaciones con los nuevos contenidos.

- **Actividades de desarrollo:** permiten a los grupos destinatarios de las actividades de tiempo libre la adquisición de nuevos conocimientos, destrezas y actitudes.
- **Actividades de refuerzo:** para quienes tienen mayores dificultades de aprendizaje, el refuerzo no equivale a reiteración (responden a las diferencias individuales y a los distintos ritmos de aprendizaje de los/as destinatarios/as).
- **Actividades de ampliación:** sirven como consolidación, profundización y refuerzo, y para "saber más y mejor" (como las anteriores son también actividades de atención a la diversidad).
- **Actividades de recuperación:** se programan para quienes que no han alcanzado los conocimientos mínimos.
- **Actividades de síntesis o resumen:** al finalizar un centro de interés facilitan la relación e integración de los distintos contenidos aprendidos y favorecen el enfoque globalizador.
- **Actividades de evaluación:** dirigidas a la evaluación del grupo de destinatarios/as para comprobar si se han alcanzado los objetivos que nos habíamos propuesto, e introducir posibles mejoras.

### 1.3.2. Gestión de las actividades globalizadas

Una vez que se han diseñado y desarrollado las actividades de tiempo libre, los monitores/as tenemos que evaluar dichas actividades para poder rectificar, mejorar o incorporar nuevos elementos a la programación de actividades de tiempo libre.

La evaluación es una recogida de información sobre cómo se han desarrollado las actividades de tiempo libre, y así obtener una valoración de todo el proceso que nos permita comprobar que se han alcanzado los objetivos previstos e introducir los cambios y mejoras que sean necesarios.

En la gestión de actividades globalizadas llevaremos a cabo un proceso cíclico en el que haremos un análisis, planificación, implementación y evaluación de las actividades de tiempo libre. Al ser la dinamización del tiempo libre una actividad con un periodo de tiempo relativamente corto, ya que cada poco tiempo recibimos a un grupo distinto de destinatarios/as (niños/as, adolescentes, jóvenes...), es necesario que el proceso de repita cíclicamente, ya que el análisis será diferente en función del grupo de destinatarios/as, teniendo que comenzar el ciclo cada vez que recibimos a un grupo nuevo.

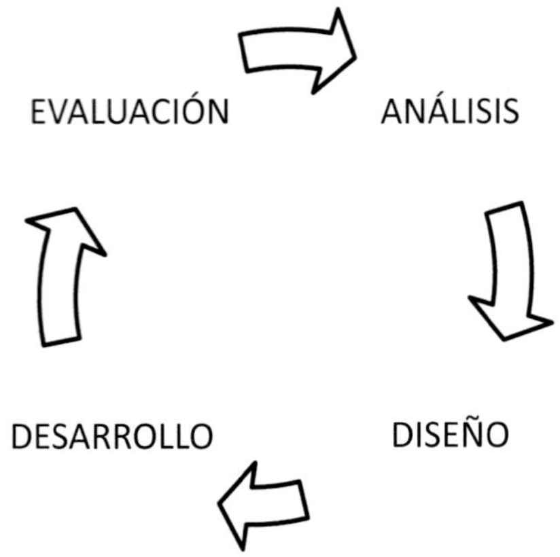


- **Análisis:** previamente al diseño de la programación de actividades de tiempo libre, tenemos que analizar el grupo de destinatarios/as, el contexto, los recursos, etc.
- **Diseño:** con la información recogida en el análisis hacemos una planificación de las actuaciones a llevar a cabo que plasmaremos en la programación de las actividades de tiempo libre (objetivos, contenidos, metodología, actividades, etc.).
- **Desarrollo:** puesta en marcha de la programación que hemos diseñado, a través de las diferentes técnicas y actividades que llevamos a cabo con nuestros grupos infantiles o juveniles.
- **Evaluación:** es el proceso realizado para obtener la información necesaria que permita tomar una decisión para mejorar los puntos débiles y mantener los puntos fuertes de nuestra programación

Estamos acostumbrados a que la evaluación se realice al final de los procesos educativos, pero aunque este es un buen momento para realizarla, ya no nos permite realizar cambios con nuestro actual grupo de destinatarios/as, sino con grupos futuros. Por tanto, si queremos ir subsanando los posibles inconvenientes que surjan durante el desarrollo de nuestras actividades, tendremos que realizar la *evaluación en diferentes momentos,* cuando aún sea posible introducir correcciones:

- Antes de que comience la actividad.
- Durante el desarrollo de la actividad.
- Al final de la actividad.
- Un plazo de tiempo después de la actividad.

En la evaluación se valoran todos los elementos de la programación, pero también se pueden valorar otros aspectos:

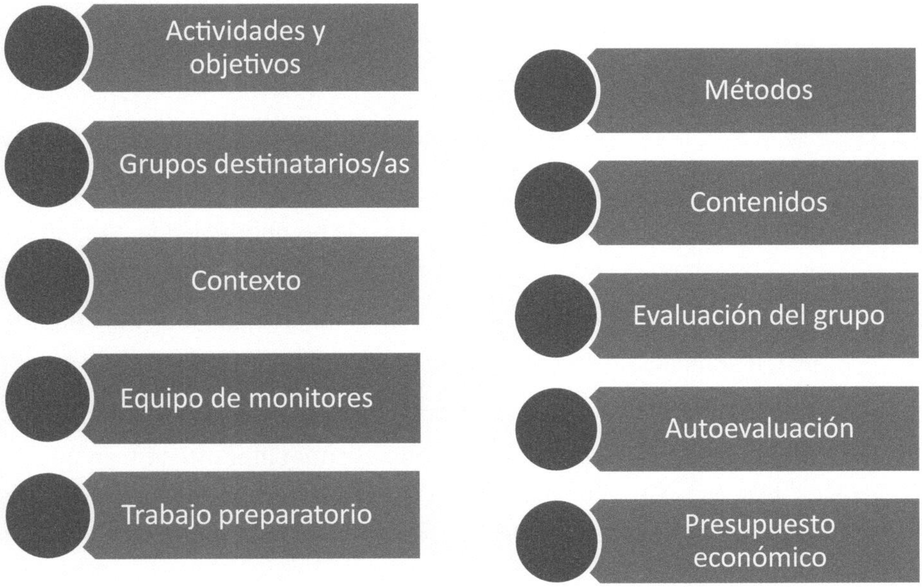


### 1.3.3. Métodos para la integración de lenguajes, técnicas y recursos

Los monitores/as de educación y tiempo libre tendremos que elegir los métodos didácticos más adecuados para integrar los lenguajes, técnicas de animación y recursos en las actividades de tiempo libre.

Los métodos de enseñanza se definen como las vías por las cuales se lleva al alumnado al conocimiento y dominio de los contenidos de aprendizaje. Los métodos suelen utilizarse simultáneamente, ya que aunque son diferentes, no se excluyen sino que se complementan. No existen métodos malos o buenos, sino que la conveniencia de un método depende de lo adecuado que sea a la situación de aprendizaje. Es decir, el método que elijamos tiene que adaptarse al tipo y número de participantes, a la experiencia del monitor/a, a los recursos y materiales que se tengan, al tiempo disponible, etc.

Algunos de los métodos que más se suelen utilizar en la dinamización de actividades de tiempo libre son:

- **Método activo:** se caracteriza por ser las personas participantes en la actividad de tiempo libre los propios agentes de su formación a través de la investigación personal y del contacto directo con la realidad. La particularidad de este método es la participación activa del grupo de participantes, a través de una planificación previa y llevada a cabo bajo la dirección del monitor/a. El método activo presenta unos fundamentos básicos:
  - — El aprendizaje se potencia con la participación de los niños/as y jóvenes.

— Un grupo cooperativo realiza más y mejor el trabajo que uno competitivo.

— El trabajo es más eficaz en un grupo democrático. Los participantes están más predispuestos a aceptar la autoridad de sus compañeros/as que la del monitor/a.

— La participación activa, la creatividad y la responsabilidad son tan importantes como la adquisición de conocimientos.

— El/la monitor/a es solo un guía del aprendizaje de los grupos infantiles y juveniles; aunque sus cualidades personales y su actitud son de gran importancia.

- **Método demostrativo:** con este método el conocimiento se transmite a través de la demostración práctica de la tarea por parte del monitor/a a los participantes en la actividad de tiempo libre. Con este método se aprende a través del contacto físico directo con los objetos. Se pueden distinguir cuatro fases:

— *Preparación de los participantes*: se les explica el objetivo de la actividad y en qué consiste el método que se va a utilizar. Es importante motivar a los participantes relacionando la actividad que se va a hacer con sus intereses y necesidades.

— *Explicación de la tarea*: el/la monitor/a describe todos los pasos en que se descompone la actuación posterior y el modo en que se manejan los materiales, herramientas...

— Realización del trabajo por parte del monitor/a: éste/a desarrolla la tarea tal y como se ha explicado, cerciorándose continuamente de que los/as participantes han prestado atención y han comprendido todo el proceso.

— *Actuación de los/as participantes*: el/la monitor/a pide a los/as alumnos/as que repitan lo que él/ella acaba de realizar y supervisa su ejecución.

- **Método cooperativo o grupal:** en este método se divide el grupo de destinatarios —gran grupo— de la actividad de tiempo libre en pequeños grupos heterogéneos con el objetivo de establecer los vínculos y requisitos necesarios para la cooperación. La cooperación es un modo de relación entre las personas que permitirá reducir las diferencias entre ellas, e impulsar a los miembros más aventajados a ayudar a los menos aventajados, y a estos últimos a superarse. Utilizaremos los métodos grupales no solo con fines de socialización sino también de adquisición y consolidación de conocimientos. Algunas de las condiciones del aprendizaje cooperativo son:

— Planificar con claridad el trabajo a realizar, así como la participación exigida y el resultado logrado por cada miembro del grupo.

— Seleccionar las técnicas de acuerdo con las características y edad de los/as participantes, objetivos del programa, experiencia del monitor, materiales, instalaciones...

— Delegar responsabilidades por parte del monitor/a al grupo, el cual asume parte de la responsabilidad en la planificación, desarrollo y valoración de la tarea.

— Apoyarse en los distintos roles de los miembros del grupo —organizador, facilitador, etc.— para alcanzar los fines comunes y a la vez asumir responsabilidades individuales.

— Evaluar de forma compartida: los miembros del grupo valoran lo aportado por el individuo, el gran grupo evalúa al pequeño grupo y el monitor/a evalúa el trabajo individual.

### 1.3.4. Valoración de la creatividad en el diseño de la oferta de actividades de tiempo libre

La creatividad es un elemento que se recoge en todas las programaciones de actividades de tiempo libre. La psicopedagogía de la expresión promueve que las personas expresen lo que tienen dentro a través de la creación de ideas, realizaciones... comunicándolo a otras personas y generando nuevos aprendizajes.

Para valorar si una determinada técnica o actividad de tiempo libre ayuda a fomentar la creatividad, tendremos que comprobar los siguientes aspectos:

- *Contar con el espacio y el tiempo adecuados* para esa actividad. Muchas veces intervenimos muy pronto en el proceso de pensamiento de la persona, impidiendo que desarrolle ideas autónomamente.
- *Fomentar un clima de confianza y autoestima* de los participantes, adjudicándoles tareas que sean alcanzables, ya que si son demasiado difíciles se bloqueará la creatividad.
- *Evitar la evaluación constante* del trabajo de cada participante, permitiéndole mantener la privacidad de su trabajo hasta que esté preparado para compartir ese trabajo con los demás.
- *Animar a la expresión de ideas a través de gran variedad de* áreas de expresión: musical, teatral, plástica, motora...
- *Favorecer la integración de los contenidos* a través de temas que sean significativos, relevantes y motivadores para la realidad en la que se desenvuelven los/as participantes.

En cambio hay actividades que, siguiendo a Amabile (1988), inhiben la aparición de la creatividad en los/as participantes que las llevan a cabo, son aquellas actividades que requieren:

- Premios predefinidos.
- Presión de tiempo.
- Hipervigilancia.
- Competitividad.
- Restricciones en los materiales a utilizar.
- Calificaciones esperadas al final del proceso.

### 1.3.5. Técnicas y recursos para fomentar la creatividad

Los monitores/as de tiempo libre infantil y juvenil podemos ayudarnos de una serie de directrices que nos van a ayudar a estimular la creatividad durante el desarrollo de las actividades:

- *Respetar todas las preguntas e ideas* que comuniquen las personas participantes en la actividad de tiempo libre. No censuraremos ninguna idea por ridícula, poco ética..., permitiendo que la plasmen a través de la escritura, el dibujo, teatro, etc.
- *Valoración posterior de las ideas.* Dejaremos que los niños/as y adolescentes generen múltiples ideas y no entraremos a valorarlas hasta que el

proceso creativo esté finalizado. De este modo podrán crear libremente sin pensar en la posterior evaluación.

- *Recoger multitud de ideas.* Trataremos de recoger el mayor número de ideas posible, ya que al no analizarse al momento no sabemos cuales nos serán de utilidad para resolver una problema, así a mayor número de ideas más posibilidades hay de obtener soluciones.
- *Respetar el proceder y los tiempos de los/as participantes.* Tener en cuenta los tiempos de trabajo que necesitan los diferentes participantes para realizar las actividades de tiempo libre, así como los diferentes momentos del día en los que cada uno de ellos/as se siente más creativo. Cuando la actividad es grupal, respetaremos la forma de trabajar de cada miembro del grupo, enriqueciéndonos de sus particularidades.

Algunas de las técnicas más utilizadas por los monitores/as de tiempo libre para fomentar la creatividad en niños/as y jóvenes son:

- **Tormenta de ideas o *brainstorming*:**
  - Objetivo: técnica con la que pretendemos generar un gran número de ideas en poco tiempo, de modo espontáneo y novedoso, e impidiendo cualquier limitación o bloqueo a la creatividad.
  - Desarrollo: el monitor/a precisa un tema con claridad; avisa que cada uno/a puede expresar lo que quiera y como quiera, de una forma libre e informal, sin ser objeto de discusión ni réplica; se toma nota de todas las ideas expresadas, subrayando las que sean más sugerentes, creativas...; es recomendable que el grupo disponga de un tiempo posterior para pensar y trabajar sobre el tema.
- **Flor de loto:**
  - Objetivos: desarrollar el pensamiento analítico y fomentar la creatividad.
  - Desarrollo: el/la monitor/a establecerá un tema central, en torno a este punto se crean 8 temas relacionados que a su vez se convertirán en principales. Consiste en hacer un diagrama que represente un punto y 8 más rodeándolo. Estos puntos sirven para situar la idea principal y las nuevas (8 ideas más). Cada idea nueva que surge de la principal se convertirá en un nuevo tema central, con sus 8 nuevas ideas.
- **Los 6 sombreros para pensar:**
  - Objetivo: crear distintos tipos de pensamiento asumiendo los roles establecidos por los sombreros.

— Desarrollo: cada miembro del grupo tiene que ponerse un sombrero en particular y pensar sobre el problema o situación planteado por el monitor/a, siguiendo las reglas establecidas según el color de cada sombrero. Su autor, De Bono, establece los siguientes roles para los seis sombreros: sombrero blanco: el/la participante que lo lleva puesto se centra en los datos disponibles, implica neutralidad y conducta objetiva; sombrero rojo: el/la participante que lo lleva puesto expone sus sentimientos sin tener que justificarlos; sombrero negro: pone de manifiesto los aspectos negativos del tema tratado; sombrero amarillo: con él pensaremos positivamente; sombrero verde: es el sombrero de la creatividad; sombrero azul: es el sombrero de la gestión del proceso del pensamiento, que resume lo que se ha dicho y se llega a las conclusiones.

## 1.4. Metodología para la elaboración del fichero de recursos de actividades: ficha de registro de actividades

Una vez que hemos diseñado todos los elementos de la programación de actividades de tiempo libre infantil y juvenil llega el momento de poner en marcha esta programación. Uno de los aspectos más difíciles para los monitores/as de tiempo libre es la selección de actividades y la temporalización de las mismas en su día a día, para lo que la elaboración de un fichero de recursos de actividades nos será de gran ayuda.

Como monitores/as será necesario que elaboremos nuestro propio fichero de registro de actividades, que nos permita organizar de forma sistematizada todas las actividades que vamos a llevar a la práctica con los diferentes grupos infantiles y juveniles. Este fichero no será más que un archivo que incluirá una serie de documentos que recogen diferentes tipos de actividades de tiempo libre y una descripción detallada de las mismas. El fichero se podría realizar en una hoja de cálculo, en la que mediante una tabla recojamos todas las actividades que vamos a utilizar y sus principales características.

Para la realización de un **fichero de actividades** no existe una clasificación ideal, sino que en función de los objetivos que pretendamos con esta clasificación elaboraremos un modelo de ficha u otro. Es decir, lo importante es que en la ficha de cada actividad se definan los criterios claves que nos permitan seleccionar una determinada la actividad en función de diversos factores, por ejemplo: las características de las personas participantes, el tiempo del que dispongamos, los recursos materiales necesarios para esa actividad en concreto, etc.

Propongo un modelo que ficha que a mi parecer es claro y sencillo ya que contiene los elementos clave que nos permiten seleccionar la actividad más adecuada. Pero aconsejo que cada monitor/a de tiempo libre ajuste el fichero de actividades a sus necesidades y a las características de las intervenciones que lleva a cabo, en función de sus grupos destinatarios/as y el tiempo de actividad de tiempo libre que realiza (campamentos, granja-escuelas, aula de la naturaleza, ludoteca, actividades en el marco escolar, etc.).

El ejemplo de fichero de actividades propuesto se hará en una hoja que cálculo, aquí por motivos de espacio la tabla aparece en dos partes, pero tendríamos que imaginar una parte a continuación de la otra.

Algunos de los criterios que puede incluir el fichero de actividades son los siguientes:

1. **Nombre de la actividad**: título motivador para las personas participantes en la actividad y que corresponda con los contenidos a desarrollar.
2. **Categoría**: tipos de actividad como juego, dinámica, taller, deporte, manualidades, teatro, etc.
3. **Número de participantes**: número mínimo y máximo, o número aproximado, en intervalos de cinco, por ejemplo: 5, 10, 15, 20, 25, 30 o más de 30.
4. **Edad de los participantes**: especificar un intervalo de edad, por ejemplo de 3 -5, 5 - 7, 7 - 9, 10 - 13, 14 - 18. Sobre todo es importante especificar la edad mínima ya que muchas actividades de tiempo libre no tienen límite superior de edad.
5. **Duración**: indicando los minutos (10', 15', 3'), o si dura más de 1 hora (1h). A la hora de seleccionar la actividad un factor a tener en cuenta es el tiempo del que dispongamos, que hará que nos podamos decantar por una actividad u otra.

6. **Recursos**: recursos materiales necesarios (pelotas, palos, rotuladores, papelógrafo, plastilina, cartulinas, etc.) y recursos humanos, indicando si es necesario más de un monitor/a.

7. **Objetivos a conseguir**: qué finalidad pretendemos conseguir con el desarrollo de la actividad, qué capacidades, destrezas o actitudes van a desarrollar los destinatarios/as. Recordamos que los objetivos se formulan con el verbo en infinitivo, que son los destinatarios quienes tienen que realizar la acción y que deben redactarse en oraciones simples.

8. **Desarrollo**: instrucciones y normas para el desarrollo de la actividad. Este apartado aunque incluye una descripción, debe recoger una explicación más detallada del desarrollo de cada actividad en una pestaña diferente de la hoja de cálculo, incluyendo tantas pestañas como actividades recojamos en nuestra hoja de cálculo. Así nos aseguraremos, de tener unas indicaciones pormenorizadas que nos permitan saber en qué consiste la actividad con detalle.

9. **Espacios**: si el espacio físico necesario es abierto o cerrado, si tiene que ser amplio o no se necesita mucho espacio, y si se necesita algún tipo de instalación (pista deportiva, etc.) o mobiliario específico (sillas, mesas, etc.).

10. **Variantes**: posibles adaptaciones de la actividad, y comentarios a tener en cuenta.

### Actividad práctica:

*Somos monitores/as de una colonia y nos han encargado hacer un registro de las actividades que se van a llevar a cabo para grupos infantiles y juveniles de 7 a 18 años.*

| DATOS GENERALES<br>Nombre de la actividad | Categoría | Nº participantes | Edad participantes | Duración | Recursos |
|---|---|---|---|---|---|
| Yincana | Juego | 30 | 7 - 18 | 1 h | Cuerdas, sacos... |
| Salsa | Baile | 30 | 10 - 18 | 1 h | Equipo de sonido, dos monitores/as |
| Máscaras | Manualidades | 15 | 7 - 18 | Más de 1 h | Venda de yeso, periódico, harina... |
| El lazarillo | Dinámica | 15 | 10- 18 | 20’ | Pañuelo para vendar los ojos |
| Baloncesto | Deporte | 10 | 7 - 18 | 40’ | Canastas, balón |

| DATOS ESPECÍFICOS Nombre de la actividad | OBJETIVOS | DESARROLLO | ESPACIOS | VARIANTES |
|---|---|---|---|---|
| Yincana | Trabajar en equipo, tomar conciencia de los objetivos a alcanzar | Crear un circuito con pruebas que los alumnos/as deberán ir superando | Aire libre | |
| Salsa | Conocer otra cultura, mejorar la expresión corporal, mejorar la socialización | Ejecución de pasos básicos individuales y en pareja siguiendo el ritmo. Ejecución de una coreografía grupal | Los que permitan una buena acústica | Ejecución de una coreografía grupal |
| Máscaras | Confiar en los compañeros/as, trabajar en equipo, identificar mentiras | Hacer un molde de la cara del compañero/a, y después decorar la máscara. Hacer mas de una con diferentes roles. | Local con sillas y mesas y agua corriente | Hacer máscara de la verdad y de la mentira |
| El lazarillo | Promover un mejor clima en el grupo, favorecer la cohesión y confianza de sus integrantes. | Por parejas, uno se venda los ojos a modo de ciego y el otro hace de lazarillo sujetándolo con una mano por un brazo | Cerrado o exterior despejado de objetos | Se guía a la otra persona solo de forma verbal |
| Baloncesto | Trabajar en equipo, fomentar la cohesión grupal, establecer relaciones de liderazgo | Se juega entre dos equipos, cuyo objetivo es el de introducir el balón en la canasta del equipo contrario | Pista de baloncesto interior o exterior | |

**Supuesto práctico:**

*En un supuesto práctico de preparación de una colonia o campamento ubicado en un contexto determinado y con un grupo concreto:*

- *Seleccionar centros de interés.*
- *Organizar la secuencia de utilización de cada uno para tomarlo como referencia en las actividades de cada día.*
- *Definir objetivos, establecer y relacionar coherentemente técnicas que den respuesta a esos objetivos.*

## 1.5. Análisis y gestión de las fuentes de información sobre actividades globalizadas y creatividad

Entendemos por fuentes de información los diferentes tipos de documentos que contienen datos útiles para satisfacer una demanda de información o conocimiento. Aunque originariamente las fuentes de información eran documentos (textos impresos), actualmente los soportes se han multiplicado y encontramos también multitud de fuentes en internet: textos digitales, vídeos, blogs, podcast, etc.

Los monitores/as de tiempo libre tienen que analizar y gestionar distintas fuentes de información para recabar diferentes actividades de tiempo libre para su práctica diaria (actividades que formarán parte del propio fichero del monitor/a). En la gestión de estas fuentes debemos asegurarnos que utilizamos fuentes fiables, o de lo contrario nuestras actividades no serán de calidad y nuestro prestigio profesional podrá quedar en entredicho.

Algunas pautas que nos pueden ayudar a conocer, distinguir y seleccionar las fuentes de información adecuadas son conocer los **tipos de fuentes de información. Según su origen** las fuentes pueden ser:

| FUENTES DE INFORMACIÓN | | |
|---|---|---|
| PERSONALES | INSTITUCIONALES | DOCUMENTALES |
| • Personas o grupos profesionales que trasmiten oralmente conocimientos específicos de su trabajo | • Organismos, empresas o asociaciones que proporcionan información | • Proporcionan información a partir de un documento, que es el soporte que transmite un contenido o información |

Las fuentes de información documentales proporcionan a su vez una nueva clasificación, ya que también podemos seleccionar las fuentes de información **según el tipo de contenido:**

- **Fuentes primarias**: son documentos originales que contienen información nueva, fruto de un trabajo intelectual, y que no ha sido sometida a ningún tratamiento posterior (selección, interpretación...).
  - **Monografías o libros, y libros** electrónicos. Los primeros son escritos sobre un tema específico abordados de manera completa por el autor. Los libros electrónicos, disponibles en internet, son obras que han dejado de ser propiedad intelectual del autor/a por haber perdido su vigencia, y obras publicadas por instituciones públicas con intención de difundirlas en la red.
  - **Publicaciones periódicas** (revistas especializadas, científicas y de divulgación, periódicos, boletines, etc.). Las revistas cada vez más las podemos consultar en formato electrónico, aunque debemos suscribirnos previo pago, permiten la rápida difusión de contenidos científicos y acceder a ellas desde cualquier parte del mundo.

— **Actas de congresos, tesis doctorales, trabajos finales de carrera, etc.** Componen la llamada literatura gris, documentos que no siguen los canales habituales de publicación o comercialización.

— Documentos oficiales e informes técnicos y de investigación de instituciones públicas o privadas, patentes, normas técnicas, etc.

- **Fuentes secundarias:** contienen información referente a las fuentes primarias, pero que ha sido extraída, sintetizada y reorganizada.

— **Libros o artículos que interpretan otros trabajos o investigaciones.**

— **Enciclopedias y enciclopedias virtuales.** Son obras concebidas para resolver dudas o ampliar conocimientos sobre un tema concreto. Actualmente se ha desarrollado enciclopedias virtuales en ediciones wiki como Wikia o Wikipedia.

— **Diccionarios especializados,** antologías, directorios, etc.

— **Bases de datos,** en su mayoría recogen publicaciones periódicas: artículos, boletines, etc. mediante un análisis del contenido. Las bases de datos especializadas en pedagogía y educación pueden ser muy útiles:

- REDINET: Red Estatal de Bases de Datos sobre Investigaciones Educativas (http://redined.mecd.gob.es/)
- TESEO: Base de datos de Tesis Doctorales (www.educacion.gob.es/teseo/)
- DIALNET (http://dialnet.unirioja.es/)

— **Catálogos,** documentos informatizados que recogen los datos de identificación de libros o monografías y de publicaciones periódicas. Los más utilizados son:

- REBIUN: Catálogo de la Red de Bibliotecas Universitarias (www.rebiun.org)
- CCUC: Catálogo Colectivo de Universidades de Cataluña (www.cbuc.es/ccuc).
- Catálogo Informatizado de la Red de Bibliotecas del CSIC (aleph.csic.es/).

- **Fuentes terciarias:** son guías físicas o virtuales que contienen datos e información referentes a las fuentes secundarias.

— **Bibliografías de bibliografías o listados bibliográficos,** que están presentes en la red y hacen alusión a referencias bibliográficas de monografías y publicaciones periódicas en soporte papel que están especializadas en una determinada materia.

- Otras fuentes de información que también tenemos que manejar los monitores/as de tiempo libre son:

  — **Buscadores de internet o motores de búsqueda**. Ante la gran cantidad de información y de fuentes de información presentes en internet son cada vez más importantes las herramientas de búsqueda de información a través de Internet. Los motores de búsqueda son programas que sirven para buscar información en la red, algunos de ellos son Google (www.google.es), Yahoo (www.yahoo.com), Bing (www.bing.com), Ask (www.ask.com), etc. Google es a día de hoy el más utilizado y permite muchas opciones, entre ellas la búsqueda por palabras, frases o claves; la indexación de documentos, por títulos de página, contenidos, etc.

  — **Listas de distribución**. Son mecanismos de difusión de información basados en el correo electrónico, que permiten hacer llegar mensajes a varios usuarios de una vez, en lugar de enviar un mensaje individual a cada uno de ellos. Las listas de distribución son útiles, por ejemplo, para compartir información dirigida a toda las personas interesadas por los temas educativos:

    - Red Iris (www.rediris.es).
    - Edutic: Educación y Tecnologías de la Información y comunicación (www.edutic.ua.es).
    - AIDIPE: Asociación Interuniversitaria de Investigación en Pedagogía (www.uv.es/aidipe/).

# Resumen

En la educación en el tiempo libre, para realizar la programación de actividades de forma adecuada debemos conocer los centros de interés o ejes de animación, que consisten en organizar las actividades de acuerdo con los intereses de los diferentes grupos de edad.

Las actividades globalizadas son un conjunto de actividades que giran en torno a un centro de interés o eje de animación, y que abordan un problema o situación concreta como un todo y en su contexto concreto. El monitor/a de tiempo libre mediante las actividades globalizadas fomenta la expresión creativa, y las identidades y capacidades de los niños/as.

El registro de actividades es necesario para poder desarrollar una adecuada metodología de trabajo en el tiempo libre, ya que nos permite tener un fichero organizado de todos las actividades, que nos permita realizar una selección de la actividad más adecuada.

Las fuentes de información sobre actividades globalizadas pueden ser fuentes primarias, aquellas que contienen la información nueva y original elaborada por el autor/a, fuentes secundarias, las que recogen información que ha sido resumida, reestructurada o compilada de fuentes originales, y fuentes terciarias, tales como los listados bibliográficos.

# Test de autoevaluación

1.1. ¿Qué factores deberíamos tener en cuenta a la hora de seleccionar las técnicas de animación?

a) Tamaño del grupo, edad y características de los participantes.

b) Capacidades del monitor de tiempo libre y climatología.

c) Objetivos a perseguir, el contexto y el impulso lúdico.

d) Características y la madurez del grupo, y las destrezas artísticas.

1.2. El impulso lúdico de la pedagogía de la expresión:

a) Mueve a los niños/as a conocer su identidad sociocultural, quiénes son y quién quieren ser.

b) Es la necesidad de movimiento, el deseo de experimentar para aprender cosas nuevas, y de relacionarse con otros a través del juego.

c) Es la capacidad de una persona de expresar y comunicar los sentimientos, ideas, emociones y pensamientos que tiene dentro a través del juego.

d) Ninguna de las opciones anteriores es correcta.

1.3. Las actividades globalizadas:

a) Fomentan en el monitor/a de tiempo libre la expresión creativa, su identidad y sus capacidades.

b) Giran en torno a un centro de interés o eje de animación, y abordan un problema o situación concreta como un todo y en su contexto concreto.

c) Ponen en marcha en los participantes un proceso pasivo de construcción de conocimientos que parte de su motivación e implicación.

d) Todas las opciones anteriores son correctas.

1.4. ¿Qué es un fichero de actividades de tiempo libre?:

a) Documento que recoge todas las actividades exclusivamente según el número de participantes, su edad, su sexo, domicilio y nivel educativo al que pertenecen.

b) Documento que recoge todas las actividades según criterios claves que nos permitan seleccionar una determinada la actividad en función de diversos factores.

c) Archivador en el que se recopilan todos los recursos, utensilios y materiales necesarios para cada una de las actividades de la programación de tiempo libre.

d) Ninguna de las anteriores opciones es correcta.

1.5. ¿Qué tipo de fuentes de información son las más completas a la hora de buscar información sobre las actividades de tiempo libre?

a) Las que recogen información que ha sido resumida, reestructurada o compilada de fuentes originales, y fuentes terciarias, tales como los listados bibliográficos.

b) Las fuentes primarias, secundarias y terciarias.

c) Las fuentes personales, institucionales y documentales.

d) Ninguna de las opciones anteriores es correcta.

# 2. Técnicas de animación, expresión y creatividad

**Palabras clave:** técnicas de expresión, talleres de creación, recursos expresivos, expresión audiovisual, recursos informáticos, recursos multimedia, técnicas de animación, fuentes de información.

## Introducción

Decíamos en el capítulo anterior que siempre tiene que existir una programación de tiempo libre, con unos objetivos claros y bien definidos. Pues bien, en esta programación se reserva a las actividades un lugar privilegiado, ya que constituyen el instrumento que permitirá el cumplimiento de los objetivos.

Para llevar a cabo dichas actividades, se utilizarán diferentes técnicas elegidas en función de la relación entre las características específicas de cada técnica y los objetivos que se pretenden. Recordemos que las técnicas son procedimientos, maneras o medios sistematizados de organizar y desarrollar la actividad de grupo, fundados científicamente y suficientemente probados en la experiencia.

Las técnicas de animación, expresión y creatividad usadas en las actividades de tiempo libre procuran el desarrollo de aspectos físicos y psíquicos a través de la expresión y la creatividad, y ayudan al individuo a asociarse con otros y a compartir experiencias e ideas.

Uno de los objetivos que se pretenden con las actividades de tiempo libre es desarrollar la sensibilidad artística y la capacidad creativa, acercándose a las manifestaciones propias de los lenguajes oral, plástico, corporal, teatral, musical y artístico.

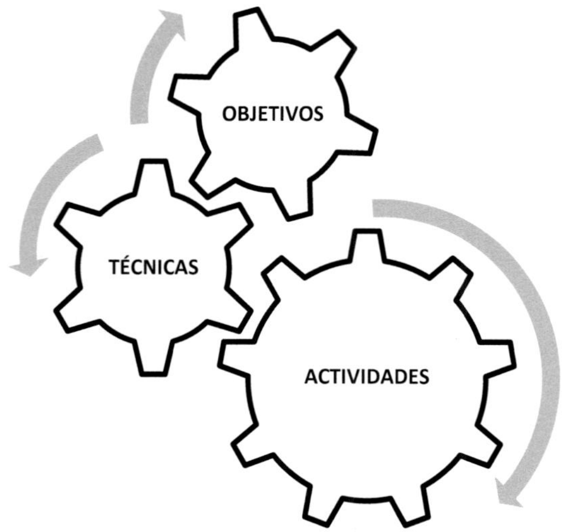


# Contenido

2.1. Valoración de técnicas y recursos expresivos: expresión oral, plástica, corporal, teatral, expresión y animación musical, talleres de creación.

2.2. Análisis de los recursos de expresión audiovisual y recursos informáticos: sentido educativo, tipos y recursos.

2.3. Tipología y aplicación de distintas técnicas de animación.

2.4. Métodos para ambientar y dinamizar técnicas de animación: la motivación, ritmos, etc.

2.5. Análisis y gestión de las fuentes de información sobre técnicas y recursos para la animación, expresión, actividades lúdicas y tradiciones populares.

## 2.1. Valoración de técnicas y recursos expresivos: expresión oral, plástica, corporal, teatral, expresión y animación musical, talleres de creación

Los seres humanos somos sociales y desde que nacemos necesitamos interactuar y comunicarnos con las demás personas, en diferentes grados de intensidad y de diversas formas. Cuanto más rica y variada es la expresión en los primeros años infantiles más posibilidades tendrá el niño/a de adquirir habilidades que le ayuden en su realización personal y en su relación social y con el entorno. Algunas de estas formas de expresión que utilizamos para comunicarnos pueden ser verbales, corporales, plásticas, teatrales y musicales.

> La **expresión oral** son las habilidades necesarias para aprender a comunicarnos mediante el habla y poder expresar lo que estamos pensando. Es el conjunto de técnicas que deben seguirse para comunicarse oralmente con efectividad.

La expresión oral además del habla requiere una serie de elementos paralingüísticos que ayudan a completar su significado:

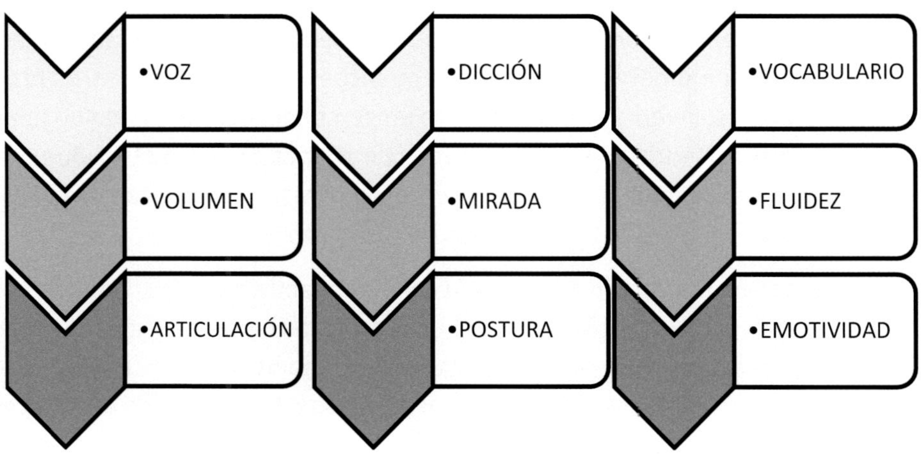


El ser humano dispone de dos medios de comunicación fundamentales, la palabra y el cuerpo, que hacen posible que podemos expresar nuestras ideas. Independientemente de la edad del niño/a, siempre se va a comunicar corporal y conductualmente. Mientras que la expresión verbal solo la podrá utilizar a partir de los 2 años y medio aproximadamente. Es a partir de este momento cuando tenemos que intervenir para desarrollar la expresión oral.

Los monitores/as de tiempo libre para trabajar la expresión oral y escrita con los grupos infantiles y juveniles nos plantearemos una serie de objetivos a conseguir en relación con la animación a la lectura, la creación literaria y la importancia de la tradición oral de los cuentos.

- Los **cuentacuentos** se definen como el contador o narrador de cuentos o de historias. Los grupos infantiles son los más beneficiados con la narración de cuentos en el plano personal afectivo, ya que el cuento se convierte en una herramienta para la vida en la medida que expresa sentimientos, comportamientos, situaciones y conflictos de la existencia humana, y en el plano cognitivo, ya que les ayuda a ordenar su pensamiento y a incluir la lectura como una de sus aficiones. Como monitores/as tenemos que ir contando los cuentos de memoria, haciendo nuestro el texto de los cuentos, ensayando la actuación previamente frente a alguien, y en definitiva provocando emociones, sensaciones e interés en los espectadores/as.
- La **animación a la lectura**: comprende la planificación de un conjunto de actividades que favorecen el acercamiento de los grupos infantiles y juveniles a los libros. Para ello utilizaremos situaciones reales de comunicación a través de la lectura, y actividades creativas en torno al libro y las palabras, que ponen en contacto la lectura con otras formas de expresión: escritura, plástica, oralidad, teatro, imagen, etc. Los monitores/as utilizaremos técnicas de animación a la lectura que vayan asociadas al juego, como por ejemplo ilustrar cuentos o libros con nuestros propios dibujos, inventar historias sobre un personaje del libro, idear un final nuevo, etc. Algunas de las actividades de animación a la lectura que podemos realizar son: "mi título", "cuento incompleto", "¿aciertas de que libro hablo?», y «el misterio del libro en blanco».
- La **creación literaria** (dinamización de textos) actividades para despertar la pasión por la escritura, para hacer sentir a los niños/as y jóvenes que son capaces de crear sus propios textos. El monitor/a tiene que ser capaz de despertar las motivaciones personales del aprendiz de escritor, y ofrecerle aquellos temas o planteamientos que a cada participante le resulten sugerentes. También se puede sugerir que cada participante diga o escriba un título de posible cuento, y escriba un fragmento o toda la historia. Cuando los monitores/as leamos una creación literaria nunca lo haremos solo con afán de corregir, sino para descubrir a la persona que se esconde tras dicha creación, además nunca debemos tachar, poner o quitar nada en una historia sin permiso del autor/a sino que intentaremos que vea los fallos con delicadeza. Son ejemplos de actividades de creación literaria: creación de historias a través de cuentos encadenados, creación de anuncios publicitarios, y elaboración de poemas urbanos.

Algunas técnicas grupales que podemos utilizar para desarrollar la expresión oral a distintas edades son: la entrevista, el debate, la mesa redonda, la asamblea, el panel, etc.

> La **expresión corporal** consiste en utilizar el lenguaje del cuerpo para representar ideas, emociones y sentimientos. En el ser humano el cuerpo es el instrumento de expresión y comunicación por excelencia, desde que nace utiliza recursos expresivos como el gesto y el movimiento.

La expresión corporal es una forma de lenguaje no verbal, que trata de manifestar sentimientos, sensaciones, ideas, conceptos, estados, pensamientos, valores y todo lo que forma parte de la identidad de la persona. Con el objetivo de exteriorizar y comunicar los sentimientos, sensaciones, ideas, conceptos, etc., y desarrollar el sentido estético o artístico del movimiento.

La forma de mejorar el lenguaje corporal es a través de actividades que trabajan con los grupos participantes habilidades comunicativas a través de la conciencia del cuerpo, percepción y estructuración del espacio y la toma de conciencia del tiempo.

- **Construcción del esquema corporal**: se basan en la vivencia de sensaciones del cuerpo en reposo o en movimiento. Las actividades que se realizarán serán sobre el conocimiento y control del propio cuerpo (reconocimiento de los segmentos corporales, de las sensaciones articulares, etc.), equilibrio, actitud postural, control de la respiración y relajación, lateralidad y coordinación.
- **Percepción y estructuración del espacio.** La percepción espacial se desarrolla de forma progresiva partiendo del propio sujeto hasta configurar el espacio que le rodea, distinguiéndose tres tipos de espacio: propio, próximo y lejano. Las actividades se organizarán siguiendo el siguiente proceso: localizarse a sí mismo, localizarse a sí mismo dentro de un espacio y localizar objetos en el espacio, y se desarrollarán a través de actividades de orientación espacial, estructuración espacial, y organización espacial.
- **Percepción y estructuración del tiempo**: sus principales componentes son el orden (sucesión), la duración y el ritmo (velocidad). Mediante el orden el niño/a aprende a colocar los acontecimientos unos en relación a otros, a través de la simultaneidad o sucesión de tareas (antes, durante, después, mientras que...). Con la duración se establece un intervalo temporal, el comprendido entre dos estímulos consecutivos (un pitido) o la longitud de un estímulo (pitido largo o corto). El ritmo está presente en

todas las acciones que realizamos (lento o rápido), y si realizamos una acción de acuerdo con un ritmo marcado conseguiremos una mayor coordinación.

Algunas actividades que pueden ser realizadas con grupos infantiles, juveniles y adultos para que trabajen la expresión corporal son:

- Como calentamiento podemos realizar *"La cuerda imaginaria"*, en parejas se repartirá una cuerda imaginaria y uno de los miembros de la pareja irá atándola a su compañero en los lugares del cuerpo que el monitor/a vaya marcando, después lo llevará de paseo por la sala.
- Para niños/as mayores de 6 años, *"El aprendiz"* en la que cada niño/a representa con mímica un oficio determinado y el resto de los/as niños/as tendrá que adivinar qué oficio es. Y *"El zoológico"*, en la que elegirán un animal y luego lo representarán delante del resto de los/as compañeros/as.
- Para desarrollar el ritmo en niños/as mayores de 8 años la actividad *"El bailarín"* en la que el monitor/a pone música y los niños/as bailan al compás del ritmo musical. En la preparación de la actividad elegiremos diferentes ritmos musicales para que el grupo tenga que pasar de bailar rápido, a lento.

> La **expresión plástica** utiliza los materiales físicos como medio de expresión de los sentimientos, pensamientos e intereses de cada persona.

La expresión plástica es la que mejor facilita el pensamiento lúdico y creativo, es la manifestación a través de los materiales plásticos de los que las personas viven o sienten. Tradicionalmente, se ha trabajado mediante el desarrollo de habilidades manuales o el conocimiento de técnicas y materiales, pero actualmente, también se considera que la expresión plástica debe desarrollar la educación estética, la imaginación y la creatividad.

> *Bejerano González, F (2009:127) señala que "La Expresión Plástica, como forma de representación y comunicación, emplea un lenguaje que permite expresarse a través del dominio de materiales plásticos y de distintas técnicas que favorecen el proceso creador. Lo fundamental en este proceso es la libre expresión, no la creación de obras maestra".*

Son algunas técnicas para la expresión plástica con grupos infantiles:

- **Collage:** que consiste en pegar diferentes objetos en una superficie plana formando una composición, se puede realizar con distintos procedimientos de unión como el pegado, el cosido, el grapado, el anudado y a presión.

- **Modelado:** persigue que los niños/as experimenten sensaciones a través de la manipulación de diversas pastas de modelar con diferentes texturas, a través de técnicas sencillas como alisar, arrugar, aplastar, trocear, etc. y otras como trenzar, hacer churros, bruñir, ensartar, etc.
- **Pintura:** podemos usar la dactilopintura, pinceles o también técnicas como el esgrafiado, estampado, estarcido, goteo, salpicado, soplado
- **Construcciones:** son creaciones plásticas con materiales y objetos que suelen ser del entorno, y pueden ser tridimensionales.

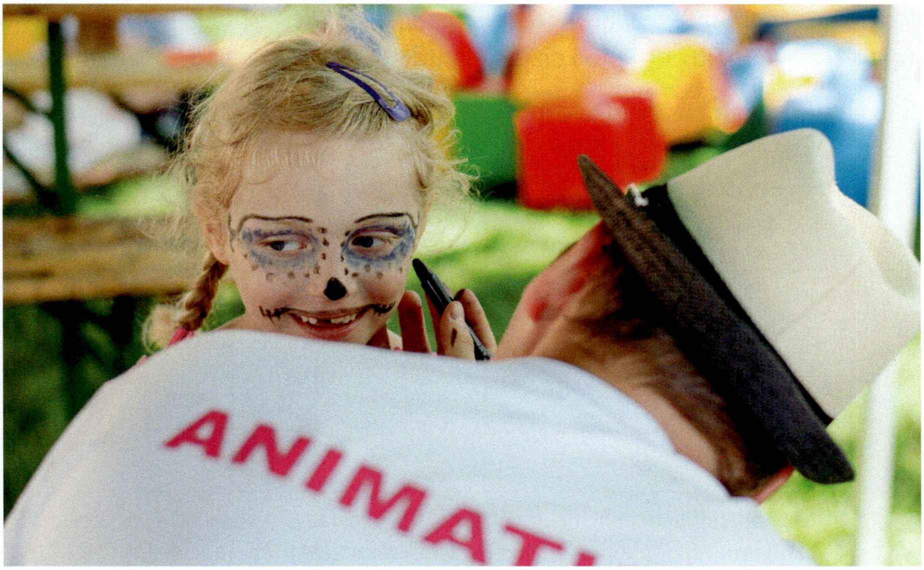


Algunos recursos plásticos tienen gran valor pedagógico, por lo que podemos utilizarlos con grupos de todas las edades:

- **Imágenes:** para ilustrar algún cuento, como decorado o atrezo de una obra de teatro, como elemento decorativo o hacer una gymkana, mandarles a buscar los tesoros y que hagan una foto como prueba.
- **Fotografías:** realizar exposiciones fotográficas, maratones de fotografías de nuestro barrio, etc.
- **Carteles:** para comunicar un mensaje a través del diseño grafico o el lenguaje publicitario, podemos diseñar un cartel publicitario para la venta de un objeto.
- **Murales:** similares a los carteles pero de mayor tamaño, permiten trabajar cómodamente en grupo y desarrollar ideas sobre un tema, o representar una obra de arte de gran tamaño.

La **expresión teatral o dramática** es la representación de una obra, historia cuento a través de unos personajes que tienen unas vivencias y experiencias a lo largo de la misma. Es un tipo de expresión que se fundamenta en la actuación, se realiza generalmente en grupo, frente a un público y en ella los niños/as o jóvenes interpretan a un personaje diferente de él mismo hablando con su cuerpo y con su voz.

Algunos elementos de expresión plástica se usan como recursos para las actividades de dramatización, como es el caso de los empleados/as en la confección del vestuario, máscaras, maquillajes, marionetas, títeres, guiñoles y los decorados. También diferentes recursos de expresión oral se utilizan en el teatro, por ejemplo partiendo de un cuento se pueden hacer dramatizaciones.

Son algunas técnicas para la expresión teatral o la dramatización:

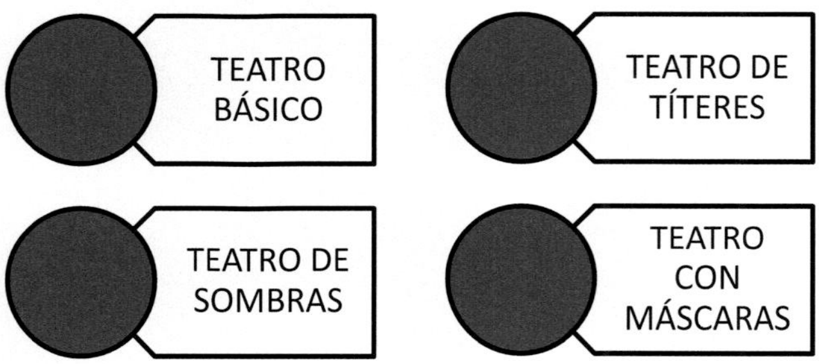


La **expresión y animación musical** es la capacidad de expresarse por medio de elementos sonoros (sonidos, melodías, cantos, instrumentación libre, etc.). El trabajo de la expresión y animación musical persigue que los niños/as y jóvenes a través de manifestaciones sonoras y rítmicas, susceptibles de manipulación y actividad, sean capaces de ampliar su capacidad de comunicación y hacerlo de un modo lúdico.

En la expresión musical en las actividades de tiempo libre existen algunos recursos que van a permitir la participación de todos los miembros de los grupos infantiles y juveniles, sin que ello tenga que suponer que posean demasiados conocimientos musicales o del uso de un instrumento musical concreto. Estos recursos son la experimentación con instrumentos de percusión, la creación de instrumentos, la creación de bailes y coreografías, y el canto.

- **Instrumentos de percusión:** pueden ser de madera (claves, cajas chinas, castañuelas), metal (sonajas, crótalos, campanillas, triángulos), piel o membrana (tambor, timbal, bombo panderetas), láminas (metalófonos, xilófonos)...

- **Creación de instrumentos:** los instrumentos musicales son el medio ideal para que el niño se exprese, utilizándolos para acompañar el movimiento, la danza o la voz. Podemos utilizar diversos materiales para construir instrumentos musicales: latas, cajas con diferentes objetos en su interior para producir sonidos diferentes, botes, globos con arroz, botellas, copas, semillas, cascabeles, etc.
- **Creación de bailes y coreografías:** en los bailes nos expresamos utilizando el movimiento del cuerpo con música. Para lo que realizaremos un previo análisis de los tipos de música que pueden acompañar al movimiento (de otros países o culturas, del folclore popular, música clásica, música de jazz, rock, baladas, pop, hip hop, de musicales o de películas). Y después idearemos determinados bailes, estableciendo los pasos básicos, desplazamientos, ritmos, etc.
- **El canto:** no requiere ninguna predisposición o condición particular por parte del niño/a o joven, solo querer cantar. El monitor debe conseguir que los destinatarios/as no se sientan inhibidos, que entiendan que no necesitan ser cantantes expertos para realizar esa actividad, y que la actividad se realiza fundamentalmente con carácter lúdico.

> Los **talleres de creación** son una metodología de trabajo en la que se integra la teoría de las diferentes técnicas expresivas, con la práctica, a través de actividades que permitan aplicar los conocimientos y así desarrollar las capacidades y habilidades expresivas de los niños/as y jóvenes.

El trabajo por talleres es una estrategia pedagógica que además de abordar el contenido de un centro de interés (el saber), enfoca sus acciones hacia la práctica de una actividad (el saber hacer). Se caracteriza por la investigación, el aprendizaje por descubrimiento y el trabajo en equipo, con el objetivo de elaborar un producto tangible acorde con el contenido tratado. Por ejemplo, para trabajar expresión oral, podemos hacer un taller de cuentos, en la que los destinatarios del taller crearán su propio cuento de forma que quede recogido por escrito; en la expresión plástica, podemos realizar un taller de máscaras con motivo del carnaval, y luego podríamos utilizar esas máscaras para la creación de obras de teatro.

El taller puede durar uno o varios días. Los participantes se pueden organizar en pequeños grupos o equipos para hacer aprendizajes prácticos según el tipo de creación propuesta. Se puede desarrollar en un local, pero también al aire libre.

Supuesto práctico:

*En un supuesto práctico de organización de un programa de actividades para un proyecto de tiempo libre educativo, realiza por parejas o en pequeños grupos una programación de actividades en la que:*

- *Se empleen* técnicas de expresión plástica, expresión musical y cultura tradicional, danza, juego dramático, expresión literaria, expresión gráfica y audiovisual, vinculadas a cada actividad.
- *Se seleccionen las actividades fundamentando cuál es su sentido y adecuándose a las características del grupo (se tendrán que definir previamente las características de nuestro grupo de intervención).*

## 2.2. Análisis de los recursos de expresión audiovisual y recursos informáticos: sentido educativo, tipos y recursos

Los recursos de expresión audiovisual y los recursos informáticos forman parte de la vida cotidiana de los niños/as y adolescentes en todas las actividades que realizan a lo largo del día. Tenemos que tener en cuenta que ellos son nativos digitales, es decir, nacieron con las tecnologías de la información y la comunicación (TIC), por lo que utilizan estos recursos con mucha soltura, pero no los vinculan al aprendizaje ni tienen un actitud crítica y reflexiva cuando los utilizan.

Los monitores/as de tiempo libre utilizaremos estos recursos informáticos y audiovisuales en la implementación de las actividades de tiempo libre con un sentido educativo, entre ellos:

- **Conocer nuevos tipos de lenguajes y recursos para favorecer la expresión** y comunicación de sentimientos, ideas, inquietudes, etc., por ejemplo a través de vídeos que los propios participantes en las actividades de tiempo libre han creado.
- **Desarrollar habilidades y destrezas en el uso de estos recursos y posibilitar su uso de forma racional, reflexiva** y crítica. Siendo capaz de tomar decisiones y solucionar problemas respecto al valor que estos recursos tienen. Por ejemplo ser críticos con determinados vídeos que se difunden por las redes sociales).
- **Dinamizar y amenizar las actividades de tiempo libre** a través de estos recursos (vídeos, juegos interactivos, presentaciones multimedia, internet, tecnologías móviles, etc.) para contribuir al aspecto lúdico, de diversión y motivador de las actividades.

Los trabajadores/as de tiempo libre (directores/as, coordinadores/as y monitores/as) tenemos que conocer las posibilidades educativas de los recursos audiovisuales e informáticos para tenerlos en cuenta en la programación, diseño y desarrollo de las actividades de tiempo libre.

Además, tenemos que adquirir las capacidades necesarias para el manejo y uso de estos recursos tecnológicos y audiovisuales, ya que por sí mismos estos recursos no mejoran los procesos de enseñanza, sino que su utilidad depende de los críticos que seamos en la selección de estos recursos y de la finalidad con la que los utilicemos.

Los medios y recursos didácticos se suelen clasificar en tres grupos, cada uno de los cuales incluye diversos subgrupos: recursos tradicionales, recursos audiovisuales y recursos informáticos o tecnológicos. Aquí nos vamos a centrar en los audiovisuales y los informáticos, que podemos clasificar del siguiente modo:

**RECURSOS AUDIOVISUALES**

- **Medios visuales fijos**
- **Medios sonoros**
- **Audiovisuales**

**RECURSOS INFORMÁTICOS**

- **Ordenadores**
- **Recursos multimedia**
- **Medios virtuales**-online
- **Internet**

- **Recursos audiovisuales**: son aquellos recursos que incluyen componentes visuales, auditivos o ambos a la vez (montaje de imágenes, introducción de elementos sonoros, etc.).
  - **Medios visuales fijos**: son imágenes fijas proyectables (diapositivas), fotografías, ilustraciones, murales, carteles, etc.
  - **Medios sonoros:** son elementos de comunicación y almacenamiento de sonidos tales como audios en diferentes formatos (MP3, MP4), grabadoras y reproductores sonido, programas de radio, podcasts, etc. Permiten la audición de cuentos, canciones, leyendas, refranes y otros, y también la grabación y creación de mensajes sonoros.

- **Medios audiovisuales:** combinan medios visuales y sonoros, y permiten no solo realizar la actividad del visionado de películas o programas, sino que se pueden hacer actividades previas y posteriores que fomenten la actitud crítica. Son los montajes audiovisuales, películas, programas, documentales, presentaciones, vídeos, publicidad, etc.

- **Recursos informáticos:** son los medios tecnológicos que nos permiten recopilar, almacenar, transmitir y procesar contenidos de todo tipo, permitiendo digitalizar imágenes, sonidos, palabras, etc. y compartir con otras personas esta información.
  - **Ordenadores:** su utilización es un fin en sí mismo ya que es un medio que los menores van a utilizar tanto en su formación como en futuras ocupaciones laborales. Son ordenadores de sobremesa, ordenadores portátiles y otros dispositivos portables (tabletas, teléfonos móviles, smartphones, etc.). Estos ordenadores que nos permiten utilizar diferentes aplicaciones informáticas (programas ofimáticos, presentaciones, etc.).
  - **Recursos multimedia:** conjunto de medios y recursos utilizados conjuntamente mediante sistemas informáticos con diferentes tipos de información multimedia: texto, gráficos, imágenes, animación, sonido, vídeo, etc. Por ejemplo programas educativos, videojuegos, presentaciones multimedia, enciclopedias y diccionarios online, animaciones interactivas, prensa digital, simuladores, tutoriales, etc.
  - **Medios virtuales-online:** conjunto de recursos orientados al aprendizaje disponibles a través de la red. Como las páginas web, blogs, wikis, correo electrónico, chats, foros, plataformas virtuales de aprendizaje, etc.
  - **Internet:** es la red que nos permite el acceso a la información global de cualquier índole a través de navegadores (Google Chrome, Internet Explorer, Mozilla Firefox, etc.), pudiendo filtrar los resultados que nos interesen mediante buscadores de internet o motores de búsqueda, tales como Google, Yahoo o Bing.

### 2.2.1. Valor y utilidad educativa de los lenguajes audiovisuales en el tiempo libre

Los lenguajes audiovisuales son de gran valor educativo en las actividades de tiempo libre ya que contribuyen a alfabetizar a niños/as y adolescentes en el lenguaje audiovisual. Este lenguaje influye favorablemente en el desarrollo intelectual, la expresión producción e interpretación de opiniones e inquietudes, y el desarrollando de la capacidad de analizar críticamente los mensajes de los medios de comunicación.

> El lenguaje audiovisual es la comunicación que realizamos a través de la imagen y el sonido para transmitir ideas, sentimientos y emociones, ajustándolos a la capacidad del receptor/a para percibirlas y comprenderlas. El lenguaje audiovisual puede ser una imagen estática, una imagen en movimiento o un sonido.

El lenguaje audiovisual cumple diversas finalidades didácticas en el ámbito del tiempo libre como son:

- Conocer los principios básicos en los que se fundamenta el lenguaje audiovisual.
- Producir e interpretar mensajes audiovisuales (por ejemplo, interpretando obras de un museo de arte moderno).
- Favorecer la creatividad mediante la elaboración de mensajes audiovisuales (por ejemplo, a través de la realización de un maratón fotográfico).
- Potenciar una actitud crítica frente a los mensajes audiovisuales y analizar su repercusión social e individual (por ejemplo, analizando anuncios publicitarios de televisión).
- Fomentar el trabajo en equipo, la cooperación y respeto por el trabajo de los demás a través de la realización de proyectos audiovisuales conjuntos.
- Adquirir competencias digitales en la utilización de los medios digitales en el mundo audiovisual, tales como cámaras de vídeo y fotografía digitales, software de tratamiento digital de imágenes y video, diseño gráfico, etc.

También es de gran utilidad educativa para los monitores/as de tiempo libre ya que nos permite transmitir mejor mensajes éticos sobre determinados temas (por ejemplo, con vídeos sobre la tolerancia, la paz, el medio ambiente, etc.); facilita al monitor/a la tarea de explicar los conceptos a través de la visualización y posterior análisis (películas, anuncios, reportajes, etc.); y contribuye a aumentar la motivación y el rendimiento de los participantes en las actividades de tiempo libre.

### 2.2.2. Aplicabilidad en contextos educativos de tiempo libre de las tecnologías de la información y la comunicación (TIC)

En esta época de cambios tecnológicos, las transformaciones sociales y culturales las tecnologías de la información y la comunicación están teniendo un protagonismo indiscutible en el desarrollo de la nueva sociedad y por tanto en la educación.

> Las tecnologías de la información y la comunicación (TIC) son un conjunto de servicios, redes, software y dispositivos informáticos que tienen como objetivo mejorar la calidad de vida de las personas facilitando muchas de sus tareas diarias, permitiendo la posibilidad de compartir información a través de la red. Son ejemplos de estas tecnologías los blogs, webs, podcasts, pizarras digitales interactivas (ordenador más proyector multimedia), etc.

El avance tecnológico ha propiciado en los últimos tiempos la aparición de una serie de recursos y medios didácticos que permiten, mediante el uso de las TIC, que el mensaje llegue de manera más clara, fácil e inmediata a los participantes en las actividades de tiempo libre, al combinar diferentes canales de información y distintos materiales y medios didácticos.

Pero no olvidemos que la aplicación de las TIC en los contextos educativos de tiempo libre es un medio y no un fin. La finalidad que se pretende es que se alcancen las siguientes finalidades didácticas:

- Potenciar los aprendizajes independientemente de los diferentes ritmos y estilos de aprendizaje que posean los participantes en las actividades de tiempo libre, a través de los nuevos canales y soportes de transmisión de información que implica el uso de las TIC.
- Alfabetizar en el uso de las TIC y en sus principios básicos, ya que en el presente y futuro las van a necesitar (aunque muchos de ellos ya son nativos digitales).
- Mejorar los aprendizajes ya que se aprende más fácil y rápidamente a través del uso de medios audiovisuales y multimedia debido a la mayor motivación y diversión que suponen para los participantes, ya que multitud de recursos ya están presentes en sus vidas (consolas, videojuegos, juegos interactivos, etc.).
- Encaminar a niños/as y adolescentes al aprendizaje autónomo y crítico a través de las TIC (por ejemplo el uso de buscadores de información en internet y la toma de decisiones respecto a la pertinencia o no de la información encontrada).
- Fomentar el uso de los recursos informáticos y telemáticos como fuente de información y medio para mejorar las competencias de expresión y creatividad.

- Facilitar el uso de herramientas de comunicación que propicien el intercambio de experiencias y la intercomunicación entre diferentes culturas, países, tradiciones mediante el intercambio de información. A través de herramientas de comunicación síncronas (chats, vídeo conferencias en streaming, etc.) y asíncronas (correo electrónico, foros, etc.).
- Favorecer el aprendizaje cooperativo mediante el trabajo colaborativo y en equipo en las actividades con estos recursos. Herramientas como Google Docs permiten que varias personas en diferentes lugares trabajen en un mismo documento conectadas a internet.

Estos recursos basados en las TIC también permiten a los trabajadores/as de tiempo libre desarrollar estrategias colaborativas y cooperativas entre los propios monitores/as para la búsqueda, localización, procesamiento y análisis crítico de información y recursos de tiempo libre a través de internet o de soportes digitales.

### 2.2.3. Técnicas y recursos de expresión audiovisual

Los monitores/as de ocio y tiempo libre cuentan hoy con técnicas y recursos muy potentes vinculados con el mundo audiovisual, que pueden poner en práctica en las actividades de tiempo libre a través de campamentos temáticos, talleres, el día de, etc.

- **Técnicas del lenguaje de la imagen:** orientada hacia la lectura e interpretación de imágenes, así como a la creación, a través de actividades centradas fundamentalmente en la fotografía:
  - **Taller de fotografía:** en la que utilizando la cámara digital los participantes tomarán una fotografía que sea representativa de algún tema (la paz, la mujer, las matemáticas, la naturaleza, etc.).
  - **Taller de revelado de fotos:** utilizando la cámara analógica los participantes aprenderán a revelar sus propias fotos en un laboratorio.
  - **Maratón fotográfico:** a través de aplicaciones informáticas para la edición y tratamiento de imágenes muy fáciles de utilizar, los participantes realizarán fotografías sobre un tema de interés.
  - **Concurso fotográfico:** además de participar en el concurso, los menores y adolescentes también son jurado aprendiendo a valorar e interpretar el trabajo de otros.
- **Técnicas del lenguaje del sonido:** su utilidad didáctica se basa en la capacidad para producir emociones, desarrollar el sentido estético-sonoro, y educar en el gusto por la música.

- **Realizar audiciones musicales:** escuchar varios fragmentos musicales seleccionados previamente y que los participantes escriban una palabra o frase breve que les sugiere ese fragmento. También se puede escribir un cuento o historia a partir de un fragmentos musical que hayamos escuchado.
- **Realizar grabaciones musicales:** a través de programas sencillos para la edición y tratamiento de sonido los participantes hagan composiciones y producciones musicales (canciones, ritmos étnicos, recitales de poesía, etc.).
- **Producción de comunicaciones orales:** los propios participantes son los protagonistas de los mensajes, como por ejemplo grabaciones históricas de acontecimientos importantes, recuperación de tradiciones orales (leyendas, refranes, cuentos de mayores), programas de radio, etc.
- **Taller radiofónico:** aprovechando algún tema de actualidad podemos analizar noticias que estén en los medios de comunicación y realizar un debate, después podemos inventar nuestras propias noticias o pensar otro modo de dar las mismas noticias, pensar los titulares, hacer un guión de lo que se va a decir y grabar un programa de radio.
- **Entretenimiento y goce musical:** en los niveles infantiles podemos empezar y terminar el día con una canción de bienvenida y una canción de despedida, por ejemplo con la misma melodía pero distinto texto. La melodía puede ser inventada o de algún autor/a, y lo mismo ocurre con el texto que podemos crear con ayuda de los participantes.
- **Aprendizaje de idiomas:** para facilitar el aprendizaje de una lengua extranjera podemos utilizar diferentes recursos auditivos con diálogos, canciones, pronunciación, relatos, etc.

• **Técnicas del lenguaje audiovisual:** este lenguaje facilita la comprensión y asimilación de ideas a través de recursos como la televisión, el vídeo y el cine con las siguientes posibilidades:

- **Vídeos sobre centros de interés:** permiten disminuir o alargar la duración de fenómenos como por ejemplo la germinación de una lenteja y el recorrido del sol a lo largo de un día, o la carrera de un guepardo y un relámpago. También se pueden observar acontecimientos que son difíciles de ver: el espacio, un huracán, el nacimiento de un ser humano, etc.

- **Visionado de vídeos:** las sesiones de vídeo deben estar organizadas previamente por el monitor/a, teniendo en cuenta tres momentos: antes, durante y después del visionado de películas, documentales, etc. que nos muestren distintos fenómenos, culturas o realidades. Antes de la sesión se deberá presentar el tema de forma motivadora, y definir los objetivos que se pretenden con la sesión. Después se pueden realizar actividades individuales o grupales sobre el visionado, debates, análisis, reflexiones y extraer conclusiones de la temática de la que trate.
- **Análisis de mensajes televisivos:** visionado de mensajes audiovisuales en pequeños grupos para analizar su lenguaje y hacer un estudio y una reflexión crítica sobre el mensaje que pretende transmitir (anuncios de televisión, campañas promocionales, planes de marketing, etc.).
- **Análisis de programas televisivos:** visionado de forma conjunta de programas televisivos e identificar prejuicios y conductas estereotipadas.
- **Realizar grabaciones audiovisuales:** a través de programas sencillos para la edición y tratamiento audiovisual los participantes pueden hacer sus propios vídeos (anuncios ficticios, entrevistas a personajes inventados, etc.).

### 2.2.4. Técnicas y recursos informáticos

La tipología de recursos y materiales didácticos es muy amplia y, especialmente con el avance de las tecnologías de la información y la comunicación, en los últimos años se ha visto notablemente diversificada. La informática y el uso de internet suponen un avance muy importante en el desarrollo de la educación y en las actividades de ocio y tiempo libre.

El **ordenador** se trata del instrumento informático que nos permite organizar, recopilar, almacenar, generar y transmitir información. Su evolución ha sido constante desde su aparición en los albores de los años setenta, pasando de ser una herramienta apta solo para científicos a convertirse en un dispositivo indispensable en nuestro día a día. Sus elementos se dividen en dos tipos, software y hardware. Siendo el hardware la parte física, tangible, como el ratón, monitor o teclado y el software los programas que hacen funcionar al ordenador, como pueden ser el sistema operativo y el navegador de internet.

**Internet** es la red de redes, permite conectar ordenadores de todo el mundo y transmitir información entre ellos. De este modo el ordenador conectado a internet nos proporciona recursos básicos como:

- Búsqueda de información: un ordenador conectado a internet es un recurso fundamental para el monitor/a en la búsqueda de información.
- Gestión de información: con ayuda de los programas informáticos adecuados (procesador de texto, hora de cálculo, etc.) podemos elaborar, clasificar y diseñar actividades.
- Herramientas facilitadoras de recursos: un ordenador conectado a internet nos permite acceder de manera gratuita y rápida a multitud de recursos educativos como bancos de imágenes, bibliotecas virtuales, webs de recursos educativos, blogs especializados (rutas senderistas, juegos infantiles, dinámicas de grupo, etc.).

Un ordenador conectado a internet nos permite acceder a multitud de **recursos virtuales** orientados al aprendizaje y disponibles a través de la red, como los siguientes:

- **Blogs:** son páginas webs de actualización periódica que contienen artículos, textos, animaciones, vídeos etc. sobre un tema determinado. Permiten que el participante u otros actores (monitor/a, director/a, etc.) dejen comentarios, abran discusiones, etc. El blog representa un importante recurso en el mundo educativo, desde el punto de vista del alumno/a supone un punto de recopilación de su día a día en un campamento o en el centro de ocio en el que participa, siendo además una ventana a internet a través de la cual poder compartir esta experiencia con el resto de compañeros/as. Esto ayuda al alumno/a a incrementar su capacitación digital y social a través de la red.
- **Wiki:** es un sitio web cuyas páginas pueden ser editadas por múltiples voluntarios/as a través del navegador web. Los usuarios/as pueden crear, modificar o borrar un mismo texto que comparten. Los textos o «páginas wiki» tienen títulos únicos. Si se escribe el título de una «página wiki» en algún sitio del wiki entre dobles corchetes ([[...]]), esta palabra se convierte en un «enlace web» a la página correspondiente. Su uso didáctico lo convierte en un sitio interactivo de construcción conjunta en el cual los participantes en las actividades de tiempo libre crean el contenido de manera cooperativa.
- **YouTube:** es un banco de contenidos audiovisuales, siendo el más importante del mundo, contando con recursos de todo tipo como vi-

deotutoriales específicos, rutas detalladas, o paisajes por poner unos ejemplos. Además es fácil de utilizar, intuitivo, y a un solo clic de ratón o una pulsación en un dispositivo táctil. Otra técnica educativa que nos proporciona esta herramienta es que seamos nosotros mismos los que añadamos contenido, ya que podemos subir un vídeo, etiquetarlo correctamente y favorecer su aparición en las búsquedas afines a nuestra temática; podemos integrar dicho vídeo en alguna plataforma; o incluso crear un canal en YouTube con la finalidad de agrupar distintos vídeos.

- **WebQuest:** son actividades en línea que se realizan de manera estructurada, guiando al participante a través de recursos obtenidos de internet, autoevaluaciones, permiten el trabajo en grupo de manera cooperativa, etc. Consisten en presentarle al niño/a o adolescente un problema con un conjunto de recursos preestablecidos por el autor de la WebQuest, que permiten el desarrollo de habilidades de manejo de información y el desarrollo de competencias relacionadas con la sociedad de la información, y se evita la navegación simple y sin rumbo de los participantes en internet.

### 2.2.5. Recursos multimedia

Las nuevas tecnologías han posibilitado el desarrollo y la implantación de recursos didácticos mucho más interactivos, con componentes multimedia, con una clara vocación de interacción y una mayor capacidad para la transmisión de mensajes.

Los recursos multimedia los podemos dividir en dos tipos fundamentales siguiendo a Cabero y Duarte (1999) según si proporcionan información o si proporcionan formación:

| INFORMAR | FORMAR |
|---|---|
| • Bases de datos<br>• Libros multimedias<br>• Enciclopedias y diccionarios online<br>• Prensa digital<br>• Presentación multimedia | • Programas educativos<br>• Animaciones interactivas<br>• Videojuegos<br>• Tutoriales<br>• Simuladores |

- **Bases de datos:** son una recopilación de datos interconectados entre sí, generalmente relacionados con una misma temática y organizados de tal forma que faciliten su consulta y clasificación. En estas bases de datos los monitores/as podemos encontrar multitud de información sobre las actividades de tiempo libre.
- **Libros multimedia:** se trata de una evolución del libro clásico, posteriormente su formato fue CD y DVD, y actualmente es la red de internet la que da soporte a la mayoría de ejemplares de libro multimedia. Imágenes, gráficos, estadísticas, enlaces a contenidos, referencias externas, vídeos, infografías, etc. son algunos de los elementos que hacen de este un interesante recurso a la hora de informar de una temática.
- **Enciclopedia online:** nos permiten acceder de una forma rápida y cómoda a una gran fuente de información. Suelen contar con filtros y formularios que facilitan el acceso a la información concreta que buscamos, además los resultados ofrecen enlaces a otros recursos de interés relacionados con la temática que nos pueden ayudar a profundizar. El ejemplo más importante de este recurso es wikipedia, su principal característica es que se nutre de multitud de aportaciones de usuarios/as de todo el planeta que colaboran desinteresadamente en la generación de sus contenidos.
- **Diccionarios online:** hoy en día contamos con multitud de diccionarios y traductores online. Nos permiten traducir palabras de un idioma a otro, pudiendo seleccionar entre una gran variedad de lenguas. Por otro lado, algunos de ellos nos permiten además escuchar audios con palabras o frases en el idioma que nos interese así como traducir textos completos. Un ejemplo sería Google Translator.
- **Prensa digital:** este recurso nació como la alternativa online al clásico periódico en papel, hoy en día se ha consolidado como la principal fuente de información para una importante cantidad de internautas y ciudadanos/as. La mayoría de ellos ofrecen al lector la posibilidad de comentar los artículos o participar en encuestas de distintos ámbitos, esta interactividad provoca una experiencia satisfactoria en el usuario.
- **Presentaciones multimedia:** este recurso permite la generación de contenidos de forma ordenada y visual, pueden integrar imágenes, texto, audio e incluso vídeo, así como enlaces a otras presentaciones o documentos. Desarrollan la creatividad, ya que cada herramienta de generación de presentaciones nos permite una serie de opciones estéticas y de diseño con el fin de hacer de nuestra presentación un contenido visualmente atractivo. Microsoft PowerPoint es la herramienta por antonomasia de creación

de este tipo de contenidos, sin embargo existen otras como puede ser Prezi, PowToon, VideoScribe, etc.

- **Programas educativos:** contienen medios y materiales didácticos combinados, interfaces completas que contienen aplicaciones educativas de naturaleza variada que permiten que el proceso de enseñanza-aprendizaje se desarrolle de una manera más lúdica y amena. La ventaja fundamental de este medio educativo se genera como consecuencia de la interacción novedosa entre el participante y la aplicación. Permite la integración de numerosos tipos de materiales y medios didácticos (escritos, audiovisuales, multimedia, ejercicios prácticos, glosarios, música, etc.). Se suelen presentar a través de un acceso a plataformas de teleformación, o en formato CD-ROM o DVD (cada vez más escasos).
- **Animaciones Interactivas:** son recursos visuales y dinámicos que permiten al niño/a interactuar con la herramienta. Cuentan con un colorido llamativo y con música pegadiza que ayudan a captar la atención de los menores. Suponen un reto para el niño/a, ya que muchas veces consisten en puzles, acertijos o juegos de destreza.
- **Videojuegos:** Se trata de programas de entretenimiento que se desarrollan con fines educativos, es decir, su intencionalidad transciende la función meramente lúdica, combinándola con una función educativa o formativa. El objetivo es dar a conocer al usuario/a algún tipo de conocimiento. Suelen actuar de refuerzo de otro tipo de medios. Son ejemplos de juegos educativos Brain Training, English Training, Mi experto en francés, etc.
- **Tutoriales:** son una lección educativa que pretende simular a un maestro/a y muestran al usuario/a el desarrollo de algún procedimiento o los pasos para realizar determinada actividad. Existen tutoriales de casi cualquier disciplina y especialidad. Una modalidad de tutorial son los videotutoriales, en los cuales o se explica a través de una grabación de vídeo desde cómo tocar la guitarra a cómo hacer una pajarita de papel.
- **Simuladores:** permiten a quien los usa aprender de manera práctica, a través del descubrimiento y la construcción de situaciones hipotéticas. El simulador tiene que la permitirle al niño/a o joven desarrollar la destreza mental o física a través de su uso y ponerlo en contacto con situaciones que pueden ser utilizadas de manera práctica. Existen simuladores relacionados con las señales viales, con cómo cocinar una pizza o sobre cómo funciona un ecosistema.

## 2.3. Tipología y aplicación distintas técnicas de animación

### 2.3.1. Danzas y canciones

La **danza** un recurso muy valioso para el monitor/a de tiempo libre. A través de las canciones y los bailes ayudamos a la desinhibición y al contacto con todos los miembros del grupo destinatario, lo cual facilita la identidad y cohesión del grupo. Los monitores/as tendremos que velar para que los grupos participantes se sientan integrados, y para que los individuos superen la timidez y confíen en el grupo, sintiéndose seguros. Existen variadas **tipologías** de danzas, una muy sencilla es la siguiente:

- **Danza folclórica**: se trabaja para enseñar el folclore o cultura propia de la sociedad en la que se vive. Se acompaña de la música típica de la danza, y si es posible de la vestimenta apropiada.
- **Danzas étnicas**: al igual que la danza folklórica sirve para enseñar una cultura, solo que en este caso se trata del aprendizaje de otras etnias culturas (africana, oriental, hindú, etc.).
- **Danzas infantiles**: específicas para los más pequeños, son danzas muy sencillas con movimientos básicos. Se pueden acompañar de canciones de corro.
- **Danzas de animación**: son bailes más o menos complejos y en mayor o menor medida conocidos por los/as destinatarios. Podemos clasificarlas según el momento que ocupan en la sesión de animación:
  - **Danzas de calentamiento**: suelen ser danzas fáciles o ya conocidas por los/as participantes, no se requiere todavía que se involucren demasiado, sino simplemente que no les de vergüenza ejecutarlas.
  - **Danzas de mantenimiento**: a mitad de la sesión es el momento de enseñar nuevas danzas, que pueden ser más animadas y menos animadas.
  - **Danzas de resolución**: al final de la sesión, se ejecutan las danzas más animadas, en las que se pueda gritar más, hacer más el ridículo, y haya más movimiento.
- **Creación de coreografías**: se desarrolla la creatividad con coreografías originales que se pueden ejecutar con diferentes estilos musicales y además se pueden representar con público.

Las coreografías mejoran la expresión corporal y la cooperación.

Las **canciones** para grupos infantiles y juveniles se caracterizan por la brevedad del texto y su poder emotivo, los cuales posibilitan una fácil memorización. Las canciones las podemos clasificar en:

- **Canciones infantiles**: son canciones breves y repetitivas, por ejemplo canciones de cuna o arrullo, de corro, de comba, de pasarela, para viajar, para jugar o para dormir.
- **Canciones de animación**: suelen incluir una parte gesticulada, y esos gestos ayudan al niño/a a memorizar la canción.

Los monitores/as al aplicar las técnicas de animación tenemos que considerar varias etapas en la interpretación de canciones por parte de los grupos infantiles:

- Desde los 2 años: los niños/as reproducen las frases, pero no el tono.
- Hacia los 3 años: reproducen una parte o la canción completa, pero no la tonalidad.
- Sobre los 4 años: los niños/as reproducen la canción completa de forma correcta.
- Hacia los 6-7 años: comenzamos a trabajar con los niños/as canciones de contenido axiológico, relativas a juicios y valores.
- Sobre los 8-10 años: las canciones de animación van dejando paso poco a poco a las canciones de adultos.

- Desde los 10-12 años: los niños/as prefieren canciones y estilos musicales de los adultos, al elegir estas canciones tendremos en cuenta el mensaje que transmiten.

Algunas recomendaciones para los monitores/as de tiempo libre en la dinamización con canciones son:

- Articular correctamente las palabras, que se entienda bien lo que cantamos.
- No cantar ni demasiado fuerte ni demasiado flojo.
- Cantar las canciones enteras, no solo un trozo o el principio.
- Cantar es una actividad importante, no se debe hacer para llenar espacios vacíos.
- Adecuar la canción a la edad del niño o se negará a cantarla si cree que es demasiado infantil.

**Actividad práctica:**

*Realizar un repositorio de unos 10 bailes o canciones que podemos hacer con grupos infantiles. Si elegimos hacer el repositorio de canciones, en el fichero se incluirán como mínimo los siguientes apartados: título, edad mínima de los participantes, letra de la canción o descripción del baile, desarrollo, duración y espacios necesarios. Representar al menos uno de los bailes o canciones elegidos.*

### 2.3.2. Cuentos y narraciones

Un recurso utilizado con mucha frecuencia en las actividades de tiempo libre es la narración de cuentos e historias, tanto para niños/as como para jóvenes y adolescentes.

- **Cuentos maravillosos**: son aquellos en los que suceden acontecimientos fantásticos y/o mágicos. Por ejemplo: de príncipes y princesas encantados (Blancanieves, La bella y la bestia).
- **Cuentos de costumbres:** narran acontecimientos extraordinarios ocurridos a gente corriente. A veces tienen un factor humorístico. Por ejemplo: rarezas de príncipes o nobles, niños en peligro (Garbancito).
- **Cuentos de animales**: los protagonistas son animales personificados. Por ejemplo: Los siete cabritillos y el lobo, Caperucita roja.

Algunos consejos y técnicas que podemos utilizar los/as monitores en la narración de cuentos son:

- Utilizar un lenguaje claro fonéticamente.
- Modular bien la voz, sin gritar pero dirigiéndonos a los oyentes más alejados.
- Evitar el tono monótono.
- Imitar la forma de hablar y los ademanes de los personajes.
- Utilizar la expresión dramática (modulaciones de la voz, los gestos y la mirada).
- Dominar el relato para estar tranquilos y seguros.
- Preparar el ambiente cuando vaya a suceder algo simpático, así se prepara para próxima risa y establece complicidad con el narrador/a.
- Dejar tiempo para reír y para las frases importantes del cuento.
- Animar a formular de hipótesis sobre qué ocurrirá en el cuento, haciendo partícipes a los/as niños/as y adolescentes.

Un cuentacuentos estimula la imaginación y creación de valores.

Otros recursos o formas diferentes de contar cuentos pueden ser: narrando la historia disfrazados/as, utilizando marionetas o con imágenes, contar una historia mediante una canción, etc.

**Actividad práctica:**

*Organizar un cuentacuentos para niños/as de edades entre 3 y 5 años, seleccionar al menos 3 cuentos que incluyan moralejas. Después preparar y realizar el cuentacuentos de uno de los tres cuentos incluyendo: la narración, un disfraz o caracterización, y alguna actividad relacionada con el cuento (por ejemplo pedir a los participantes que se inventen un nuevo final).*

### 2.3.3. Fiestas tradicionales y recursos lúdicos del folclore

> El folclore es el **conjunto de las creencias, prácticas y costumbres** que son tradicionales de un **pueblo** o **cultura**, y se expresan a través de los cuentos, leyendas, música, bailes, artesanía, proverbios, costumbres, festividades, etc.

Los/as monitores/as tenemos que poner en valor el folclore, ya que muchos niños/as y jóvenes lo ven como algo anticuado (prefieren, por ejemplo, la música comercial), por lo que debemos incluir este tipo de animación como una forma de transmitir la cultura del país y las costumbres populares.

Además, al enseñar a valorar a los niños/as y jóvenes la cultura de su región o localidad, también le estamos enseñando a respetar los valores y costumbres propias de otros pueblos y países. Podemos incluir el folclore en nuestras actividades de tiempo libre a través de:

- **Bailes folclóricos:** danzas regionales (jota, sevillanas, sardana, muñeira...), danzas flamencas, danzas clásicas españolas, etc.
- **Canciones populares:** de elástico, de palmas, de entretenimiento y otras.
- **Juegos tradicionales:** el escondite, el pañuelo, civiles y ladrones, el salto, etc.
- **Cuentos populares:** Juan sin miedo, el flautista de Hamelin, el gato con botas.
- **Fiestas tradicionales:** carnavales, moros y cristianos, fiestas de mayo, etc.

**Actividad práctica:**

*Organizar una feria relacionada con la cultura de Andalucía, organizando al menos cuatro actividades lúdicas relacionadas con distintas áreas de expresión tales como el arte, la música, el bailes, etc.*

### 2.3.4. Ferias o "Kermeses"

> Los kermeses o ferias son fiestas populares, mayormente barriales o de vecindario, que suelen hacerse al aire libre y que se celebran con bailes, rifas, juegos de destreza, juegos infantiles, concursos, números artísticos, y puestos de comida y bebida.

Los monitores/as de tiempo libre organizaremos las ferias en función de las celebraciones de la localidad o mediante la construcción de una feria por parte de los propios niños/as y jóvenes:

- Ferias locales.
- Feria de artesanía.
- Feria del libro.
- Feria de la miel.
- Etc.

### 2.3.5. Veladas: características, tipos, ritmo y conducción

> Las veladas son reuniones o encuentros de personas para compartir experiencias o reflexionar sobre algún tema en particular que será el que da nombre a la velada. La velada constituye un conjunto de actividades que se desarrollan en un campamento o en una acampada o convivencia.

Las principales **características** de las veladas son:

- Se tratan uno o varios temas.
- Intercambio de opiniones y diálogo entre los participantes.
- Normalmente se celebran al final de la jornada o por la noche.
- Incluyen actividades lúdicas: cuentos, canciones, bailes, etc.
- Crean un clima de serenidad y de preparación para el descanso.
- Pueden celebrarse tanto al aire libre como en instalaciones cerradas.
- Algunas crean un clima de serenidad y de preparación para el descanso.

Dentro de la gran variedad de veladas que podemos llevar a cabo, se distinguen cinco **tipos** según sus temáticas y objetivos a los que van dirigidas.

- **Velada fiesta:** para celebrar algún evento y todos participan, a través de juegos cortos, bailes, animaciones, etc.
- **Velada espectáculo:** una parte de los asistentes es público y otra son actores.
- **Velada temática:** se organiza en torno a un tema central, y sobre él versan los bailes, canciones, disfraces, cuentos, etc.
- **Velada reflexión:** se reflexiona en grupo sobre un tema y se busca llegar a una conclusión a través de la puesta en común de ideas.
- **Velada espontánea:** velada breve que surge espontáneamente, a partir de una determinada situación o ambiente.

Las veladas crean un clima de participación y reflexión.

En la **conducción** de las veladas es muy importante el papel que desempeña el monitor/a llamado en las veladas nocturnas presentador/a, encargado/a de noche, showman, etc. A la hora de organizar la velada lo haremos por edades, además cuidaremos especialmente la integración de todos los asistentes (personas con discapacidad, niños/as inadaptados, jóvenes con problemas comportamiento, etc.).

La velada será preparada con mucha antelación, excepto la velada espontánea que requiere una preparación menor. Por tanto elegiremos espacio y un tiempo determinados para desarrollar la velada, cuidando la decoración, la iluminación, el escenario, los elementos de animación, y el ambiente general.

### 2.3.6. Jornadas-tema

Otra de las técnicas de animación que podemos llevar a cabo los monitores/as de tiempo libre son las jornadas-tema, las cuales versarán en torno a un tema escogido previamente.

En estas jornadas temáticas podemos tener en cuenta los siguientes aspectos:

- Las actividades estarán dirigidas al grupo de edad para el que se organiza la jornada-tema.
- Se definirán previamente los objetivos de cada actividad, objetivos relacionado con el centro de interés que se trabaje en la jornada.

- Es importante concienciar a los/as asistentes sobre el tema que se vaya a tratar en las jornadas-tema.
- Aunque centrándonos en el tema que nos ocupa, organizaremos gran diversidad de actividades.
- El contexto de las jornadas hay que cuidarlo a través de la decoración, instrumentos e instrucciones para ejecutar las actividades previstas.

### 2.3.7. Rallyes y Gymkanas

> Las gymkanas son un conjunto de pruebas en el que se realizan juegos, numerosas pruebas de competición, y obstáculos a lo largo de un recorrido o circuito antes de llegar a la meta. Las pruebas pueden ser de destrezas, de ingenio, de velocidad, etc., es decir, son pruebas que requieren diferentes competencias y habilidades, y se suelen realizar normalmente al aire libre y con finalidad lúdica.

En las gymkanas las competiciones pueden ser individuales o grupales, y las pruebas o actividades se pueden hacer de forma independiente o bien una sola actividad que recoja varias pruebas. Los monitores/as tendremos en cuenta los siguientes factores en el diseño y organización de una gymkana:

- **Espacio**: se requiere un espacio amplio y suficiente para realizar las pruebas, preferiblemente al aire libre.
- **Edad de los participantes**: en función de los diferentes grupos de edad se elegirán las pruebas con distintos niveles de dificultad.
- **Número de participantes**: organizar si la participación es individual o en equipos. Podemos pedir que nombren a un capitán y que le pongan un nombre original al equipo.
- **Variedad de pruebas**: para motivar a niños/as y jóvenes tendremos que pensar en pruebas distintas que requieran movilidad y habilidad, pero a la vez sean accesibles para que todos puedan participar. Por ejemplo carreras de sacos, carreras de obstáculos, pruebas de puntería, explotar globos, lanzar pelotas, etc. No solo prepararemos pruebas físicas, sino también mentales como resolver un acertijo o recitar un trabalenguas.
- **Materiales y equipamiento**: tendremos que preparar todo lo necesario para realizar las actividades, sacos, pelotas, globos, acertijos, premios, etc.
- **Establecer un sistema de puntuación y de premios**: para anotar las pruebas la superadas y en el tiempo en que se han realizado. También se pue-

den establecer premios simbólicos para los mejores equipos, ya que lo importante es participar.

- **Seguridad del circuito**: tendremos que adaptar el circuito de pruebas de modo que no exista riesgo para los participantes, además organizaremos que en cada actividad haya un adulto/a que supervise.

Las gymkanas incluyen pruebas como las carreras de sacos.

**Actividad práctica:**

*Diseñar una gymkana para un grupo infantil con edades comprendidas entre los 6 y los 10 años, en la que recojamos al menos al menos 6 pruebas, incluyendo físicas y mentales; diseñemos un itinerario que los participantes tienen que seguir; establezcamos un sistema de puntuación y premios; organicemos los equipos; y establezcamos las correspondientes medidas de seguridad.*

## 2.3.8. Pasacalles y cabalgatas

Los pasacalles y cabalgatas son desfiles temáticos que se realizan en la calle con la finalidad de celebrar algo y animar al público a través de música, danza, disfraces, carrozas decoradas, espectáculos varios, etc.

Los **pasacalles** constan de un amplio número de personas que desfilan por la calle normalmente a pie, cantando, bailando, etc. suelen ir acompañados con bandas de música, percusión o bailarines. Además, el pasacalle puede incluir gigantes, cabezudos, muñecos, personajes de animación, payasos, malabaristas, zancudos, etc.

Las **cabalgatas** al igual que los pasacalles tienen una duración de no más de un día, en cambio en la cabalgata en vez de ir a pie, las personas suelen ir en carrozas o carruajes, disfrazados y decorados de acuerdo a una temática concreta, pudiendo coincidir con festividades tradicionales. Por ejemplo Cabalgata de reyes o de Carnaval.

Los pasacalles y cabalgatas pueden ser realizados por profesionales en animación, o también contar con la participación de grupos infantiles y juveniles que están a cargo del monitor/a de tiempo libre. A través de la participación en este tipo de actividades de animación se mejora la confianza y la timidez, y se desarrollan capacidades expresivas a través de disfraces, maquillajes, dazas e interpretación.

Los pasacalles y las cabalgatas refuerzan la seguridad y la autoestima.

## 2.3.9. Fiestas tradicionales y folclore popular

Los nuevos cambios sociales y la globalización han hecho que desaparezcan muchas fiestas populares españolas que han sido sustituidas por celebraciones de otros países, por ejemplo Halloween. Se distinguen cuatro tipos según sus temáticas:

- **Fiestas religiosas:** Año nuevo, Semana Santa, San Juan, Todos los santos, la Navidad, etc.
- **Fiestas históricas o profanas:** moros y cristianos, el carnaval, y otras.

- **Fiestas naturales:** son las estacionales, agrícolas o ganaderas, por ejemplo Fiesta de la castaña, Fiesta de la siega, matanzas, etc.
- **Celebraciones promovidas por organismos nacionales o internacionales:** día de la paz, de la mujer trabajadora, día del libro, día del agua, de la tierra, etc.

Para realizar una actividad de tiempo libre basada en la celebración de una fiesta tradicional podemos utilizar el siguiente esquema que nos ayudará a organizar la festividad de forma más sistemática y coordinada:

- Título y breve presentación de la fiesta tradicional.
- Origen cultural de la fiesta.
- Planificación y desarrollo de la fiesta como actividad de tiempo libre.
- Actividades y temporalización de las mismas.
- Participación de las familias o otros agentes.
- Financiación.

### 2.3.10. Actividades multiformes, y otras

Además de todas las técnicas de animación que hemos visto hasta ahora, podemos realizar otros tipos de actividades de animación de tiempo libre con grupos infantiles y juveniles.

- **Payasos:** personajes con vestuario extravagantes, maquillaje y pelucas llamativas que hacen reír a la gente gastando bromas, haciendo trucos divertidos, etc. pero también nos hace reflexionar.
- **Acróbatas:** al igual que los payasos provienen del mundo del circo y transmiten riesgo y emoción a través de sus actividades acrobáticas y deportivas.
- **Espectáculos de magia:** en los que el mago utiliza diversos trucos y habilidades con los que hace juegos de manos y otras cosas sorprendentes.
- **Títeres y marionetas:** a través de un escenario, títeres, marionetas y guiñoles podemos representar historias que encantan a los niños/as y les hacen reflexionar sobre diferentes temas.
- **Teatro de sombras:** espectáculo que consiste en la creación de un efecto óptico, que consiste en interponer las manos u otros objetos entre una fuente de iluminación y una pantalla o pared, de modo que se proyecte una sombra en movimiento.

Otras actividades de animación son los payasos, mimos, acróbatas, magos.

## 2.4. Métodos para ambientar y dinamizar técnicas de animación: la motivación, ritmos, etc.

En las actividades de tiempo libre educativo infantil y juvenil se emplean un conjunto de técnicas y **métodos de animación** que permiten dinamizar y ambientar las intervenciones que realiza el monitor/a.

- **Metodología activa y participativa:** los niños/as y jóvenes son los protagonistas de las actividades, y el papel del monitor/a es el de mediador. El rol participativo de los niños/as es uno de los mayores potenciadores de la motivación.
- **Metodología práctica:** el enfoque de las actividades desde una perspectiva que nos permita ver la aplicación práctica de lo que estamos aprendiendo permite transferir lo aprendido, desde las actividades de animación a la vida real.
- **Metodología cooperativa:** el trabajo en grupos permite el enriquecimiento de ideas, pensamientos, emociones, experiencias, etc. y además contribuye a la socialización de los participantes.
- **Metodología lúdica:** desarrolla actividades de aprendizaje disfrazadas a través del juego que permiten el descubrimiento, a experimentación, la imaginación, etc. Especialmente útil con participantes con necesidades educativas especiales.

La **motivación** es crucial en cualquier proceso formativo, ya que nadie aprende si no le mueve alguna razón (querer aprender). Por tanto la motivación es el más potente dinamizador de las técnicas de animación. Podemos distinguir dos tipos de motivación:

- **Motivación extrínseca:** lo que mueve a las personas a realizar una actividad son las satisfacciones exteriores. La conducta es un medio para conseguir una recompensa externa, por ejemplo un premio.
- **Motivación intrínseca:** la propia actividad mueve a la persona, es decir, se realiza una actividad por el placer y la satisfacción que uno experimenta mientras aprende, explora o trata de entender algo nuevo.

En las actividades de tiempo libre los monitores/as debemos buscar la motivación intrínseca de los participantes para realizar la actividad propuesta. Pero en algunos casos es necesario utilizar la motivación extrínseca (premios, recompensas), para que más tarde esa motivación se interiorice y se convierta en intrínseca.

Otro factor primordial a tener en consideración en la dinamización de las técnicas de animación son los **ritmos** de las actividades y del propio grupo de participantes. Una sesión de animación la podemos dividir en tres momentos diferenciados:

- **Fase de introducción o calentamiento:** en esta fase tenemos que despertar la motivación del grupo, explicando en qué consisten las actividades a realizar, captando la atención, y creando un clima de expectación. Además, tenemos lograr que el grupo rompa la tensión o sentimiento natural de intimidación que siempre existe al principio.
- **Fase de aplicación o central:** en ella se realizan actividades de animación para desarrollar los objetivos fundamentales de la sesión. A medida que avanza la sesión de animación, puede decaer la motivación del grupo, por lo que debemos mantener la motivación animando a los participantes y haciéndoles ver los logros que están consiguiendo.
- **Fase evaluación y cierre:** es la fase de finalización de la sesión, que se utiliza para asimilar y evaluar el trabajo realizado. También se realizan actividades con menor exigencia para la vuelta a la calma y que contribuyan a la relajación.

Otro factor a tener en cuenta es el **Clima** o el ambiente generado por las emociones de los miembros de un grupo, el cual está relacionado con las cualidades que predominan en la mayoría de los contactos entre monitor/a y grupo. Como monitores/as tenemos que conseguir crear un clima grupal que favorezca la comunicación, la cooperación, y la aceptación mutua. El clima del grupo pasa por distintas etapas: defensiva, de control y de aceptación.

- **Clima defensivo**: hace que las comunicaciones entre monitor/a y grupo sean difíciles. Los miembros sienten la necesidad de defenderse a menudo agresivamente.
- **Clima de control**: el monitor/a es visto como alguien coercitivo contra el que hay que defenderse y guardar silencio. Los miembros del grupo actúan con resignación y conformismo.
- **Clima de aceptación**: es el clima al que tenemos que llegar, en el que monitor/a y grupo se sienten a gusto unos con otros, y la comunicación es fluida y distendida.

## 2.5. Análisis y gestión de las fuentes de información sobre técnicas y recursos para la animación, expresión, actividades lúdicas y tradiciones populares

Como monitores/as de tiempo libre tenemos que saber analizar y gestionar las fuentes de información en las que podemos encontrar técnicas y recursos para la animación. Muchas de estas fuentes son las mismas que ya se han descrito en un apartado anterior que también trataba sobre las fuentes de información. A continuación resumo las fuentes anteriores y añada algunas más:

- **Bases de datos:** REDINET, TESEO, DIALNET.
- **Catálogos**: REBIUN, CCUC, Catálogo de la Red de Bibliotecas del CSIC.
- **Buscadores de internet o motores de búsqueda**: Google, Yahoo, Bing, Ask.
- **Listas de distribución**: Red Iris, Edutic, AIDIPE.
- **Guías**: guías de programas de juventud, directorio europeo de centros de información para la juventud, directorio de centros de información y documentación juvenil.
- **Páginas web**: al ser la animación sociocultural una disciplina relativamente joven muchas de las fuentes de información las vamos a encontrar en las páginas web:
    - ASC e Integración social Profesional (http://www.ascprofesional.blogspot.com.es/)
    - Gestiopolis (http://www.gestiopolis.com/guia-de-tecnicas-de-animacion-para-dinamica-de-grupos/)

- Gobierno de canarias (http://www3.gobiernodecanarias.org/medusa/familiasenred/)
- Manual Atalaya apoyo a la gestión cultural (http://atalayagestioncultural.es/)
- Edukanda (http://www.edukanda.es/)

- **Blogs:**
  - La animación sociocultural (https://animacionsociocultural.wordpress.com/)
  - Juegos de tiempo libre para niños (http://juegosdetiempolibre.org)
  - Teocio (http://www.teocio.es/)

# Resumen

Las técnicas de animación más destacadas en las actividades de tiempos libre las podemos clasificar en técnicas y recursos de expresión: oral, plástica, corporal, teatral, musical y talleres de creación. Estas técnicas se implementan con la finalidad de alcanzar los objetivos que nos hemos propuesto en la programación de tiempo libre, entre ellos, desarrollar la creatividad y la capacidad de expresión y comunicación.

Los recursos informáticos y de expresión audiovisual contribuyen a la dinamización de las actividades de tiempo libre, ayudan a los participantes en estas actividades a conocer nuevos tipos de lenguajes que favorecen la expresión, y además potencian sus capacidades en el manejo de este tipo de recursos y en su uso de forma crítica.

Existen multitud de técnicas de animación que los/as monitores de tiempo libre debemos conocer, y saber aplicar dentro del campo de la animación sociocultural. Además a la hora de elegir las técnicas, tendremos en cuenta el grupo destinatario, el contexto, etc., así como un uso equilibrado y variado de la diversidad de actividades existentes: danzas y canciones, cuentos y narraciones, fiestas tradicionales y recursos lúdicos del folclore, ferias o kermeses, veladas, jornadas-tema, rallyes y gyncanas, pasacalles y cabalgatas, actividades culturales y otras.

# Test de autoevaluación

2.1. Para trabajar la expresión oral y escrita los monitores/as de tiempo libre aplican técnicas específicas como:

a) Actividades para la construcción del esquema corporal que se basan en el conocimiento y control del aparato fonador.

b) Creación de bailes y coreografías, para después del baile expresar de manera oral lo que han sentido con la música.

c) Técnica del collage que consiste en pegar diferentes palabras o versos en una superficie plana formando una composición escrita.

d) Todas las opciones anteriores son correctas.

2.2. Son un ejemplo de recursos multimedia:

a) Las fotografías, las infografías y los murales.

b) Enciclopedias y diccionarios, prensa escrita y presentaciones multimedia.

c) Videojuegos, animaciones interactivas, simuladores y tutoriales.

d) Ordenador con conexión a internet.

2.3. Los cuentos maravillosos son aquellos en los que:

a) Se narran acontecimientos extraordinarios ocurridos a gente corriente como por ejemplo niños/as en peligro.

b) Suceden acontecimientos mágicos y fantásticos como por ejemplo los de princesas encantadas.

c) Los protagonistas son animales que hacen cosas maravillosas como por ejemplo "Los siete cabritillos y el lobo".

d) Ninguna de las anteriores opciones es correcta.

2.4. Una fiesta popular al aire libre que se celebra con bailes, rifas, juegos de destreza, juegos infantiles, concursos, puestos de comida, etc., recibe el nombre de:

a) Gymkana

b) Kermeses.

c) Cabalgatas.

d) Ninguna de las anteriores opciones es correcta.

2.5. El monitor/a puede dividir una sesión de animación en tres momentos diferenciados que siguen el siguiente orden:

a) Fase de calentamiento, fase de aplicación o central y fase de cierre.

b) Fase de introducción, fase de canalización, y fase de cierre.

c) Fase de introducción, fase de evaluación y fase de cierre

d) Ninguna de las anteriores opciones es correcta.

# 3. Técnicas pedagógicas del juego

**Palabras clave**: pedagogía del juego, funciones del juego, tipos de juegos, recursos lúdicos, juguetes, centros de recursos lúdicos, metodología del juego, juegos físico-deportivos.

## Introducción

El juego se define como una actividad recreativa que cuenta con la participación de uno o más participantes, y cuya función principal es proporcionar diversión y entretenimiento, además de tener una finalidad educativa.

El juego es una actividad inherente al ser humano, ya que desde muy pequeños, utilizamos el juego para relacionarnos con nuestro entorno familiar, material, social y cultural. Pero durante mucho tiempo el juego ha sido visto como una pérdida de tiempo, y sin valor educativo.

No es hasta mediados del siglo XX nace la llamada civilización del ocio y aparecen teorías psicológicas que proclaman la importancia del juego en el desarrollo de la infancia: Piaget, Elkonin, Vigotsky. También se reconoce el juego como derecho de la infancia en la Declaración Universal de los Derechos del Niño en 1959.

El juego tienen múltiples posibilidades en el ámbito de la educación y del tiempo libre, pues posibilita desarrollar determinados comportamientos sociales, aspectos de la personalidad, desarrollo cognitivo y de autonomía a través de la actividad lúdica.

Los monitores/as de tiempo libre seremos los mediadores entre los juegos y niños/as y jóvenes, de modo que implementemos juegos eficaces y con sentido, que acerquen a los participantes al aprendizaje de los objetivos propuestos en nuestra programación de tiempo libre. Para ello, en función de la madurez del individuo, el contexto y el momento en el que nos encontremos deberemos seleccionar distintos tipos de juegos que sirvan para alcanzar los objetivos de aprendizaje.

Aunque el juego es fundamental para el desarrollo durante la infancia, no debemos limitarlo a ninguna edad concreta, sino que debemos utilizarlo como recurso de animación, independientemente del grupo de edad con el que trabajemos.

# Contenido

3.1. Pedagogía del juego y su valor educativo.

3.2. Análisis y aplicación de los distintos juegos y recursos lúdicos.

3.3. Metodología de participación del monitor en el juego: funciones y dinamización.

3.4. Análisis de la interrelación entre juegos y juguetes.

3.5. Valoración de los centros de recursos lúdicos: definición y características.

3.6. Métodos de adaptación, transformación y creación de juegos.

3.7. Análisis y gestión de las fuentes de información sobre juegos y juguetes.

3.8. Análisis de los juegos físico-deportivos: deportes tradicionales, tipos, características y funciones. Organización según el contexto sociocultural.

## 3.1. Pedagogía del juego y su valor educativo

El juego es una actividad de gran importancia para el desarrollo infantil y juvenil, pero sobre todo para niños/as, donde los juegos marcan las primeras etapas de su vida. A través del juego se desarrollan la **inteligencia, la afectividad, la personalidad, la sociabilidad y la autonomía,** además se consigue con actividades divertidas y placenteras para el niño/a.

> El juego se define porque se realiza en un tiempo y en un espacio diferentes al de la vida real, se ejecuta de acuerdo a unas reglas propias, la participación en él se realiza de forma libre y también es libre el camino que se elige dentro del juego.

La pedagogía del juego consiste en desarrollar proyectos educativos basados en el juego como metodología de intervención. El juego es un recurso idóneo para utilizar en las actividades de tiempo libre, debido a su carácter motivador, globalizador de contenidos (centros de interés) y por ser mediador de aprendizajes significativos. Además, la actividad lúdica fomenta la interacción entre niños/as y jóvenes.

Las principales **características** del juego son:

- Desarrollo integral de la persona en sus aspectos motor, intelectual, afectivo y social.
- Placentero y satisfactorio para el jugador, que es consciente de vivir en el plano de la ficción mientras juega.
- Desarrolla la imaginación, la creatividad y sus diferentes áreas de expresión.
- Desarrolla el ingenio ya que plantea problemas a los que hay que encontrar soluciones.
- Desarrolla la comunicación y es altamente socializador.
- Ayuda a conocer la sociedad y la cultura, a la vez que permite una evasión saludable de la realidad cotidiana.
- Potencia la autonomía personal y ayuda a conocer las propias capacidades y limitaciones.
- Reduce la sensación de gravedad frente a errores y fracasos.
- Contribuye a un estado de permanente activación, y exige participación, aunque sin obligaciones ni coacciones.
- Su finalidad es intrínseca, se disfruta el juego en sí mismo, de la sensación de exploración y descubrimiento de nuevas experiencias.
- Expresa sentimientos y emociones, y libera la energía sobrante.

### 3.1.1. Funciones del juego en el desarrollo personal

Desde la pedagogía del juego se señalan cinco parámetros de la personalidad que se desarrollan en la infancia y juventud fundamentalmente a través del juego: la afectividad, la motricidad, las capacidades cognitivas, la creatividad y la sociabilidad.

- **Función física (motora y sensorial)**: estos juegos actúan sobre el cuerpo y los sentidos, a través del desarrollo muscular, la coordinación de movimientos del cuerpo, el desarrollo de la capacidad sensorial y perceptiva. Por ejemplo aquellos juegos en los que se cantan canciones que se acompañan con gestos con las manos u otros movimientos, o los juegos con bloques de construcción.
- **Función cognitiva (intelectual)**: son aquellos que contribuyen a desarrollar el pensamiento y la capacidad para razonar mediante: la memoria al pensar y recordar procesos y reglas; las habilidades de toma de decisiones a medida que los niños/as resuelven problemas durante el juego; la imaginación y la creatividad al tener que distinguir en el juego entre fantasía-realidad; habilidades del lenguaje; creatividad, atención e imaginación gracias a los estímulos que el juego genera. Por ejemplo un rompecabezas, juegos de contar, adivinanzas, puzles, tres en línea, ajedrez, juego de la NASA, etc.
- **Función emocional (afectiva)**: son los que contribuyen al control emocional, al dominio de la voluntad y el desarrollo de los instintos sociales o altruistas por medio de: aprender a tener éxito a través del juego, pero también aprende a sobrellevar la decepción cuando se pierde; da oportunidades para descubrir los intereses y fortalezas de la persona; permite desarrollar la personalidad; expresarse libremente y descargar tensiones; potenciar la autoestima y el autoconcepto; y proporciona diversión, entretenimiento y placer.
- **Función social (socialización y comunicación)**: estos juegos permiten el desarrollo de habilidades sociales necesarias para desenvolverse en la vida adulta, y conocer el mundo real, mediante: la adquisición de características como la bondad, la empatía y el auto-control en al juego con los otros participantes; la comunicación e interacción con sus iguales; la adquisición del autocontrol a través de la aceptación de las normas del juego; las conductas asertivas y la comunicación positiva a través de la relación con el grupo durante el juego, y la cohesión grupal, el compañerismo y la cooperación. Por ejemplo: los juegos cooperativos, los juegos del rol, juegos de reglas, etc.

- **Función creativa:** la persona cuando juega entra en un proceso de creatividad que enriquece su aprendizaje. El juego desarrolla la creatividad e imaginación, ya que requiere imaginar y crear una realidad paralela o ficción en la que se desarrolla el juego. Por otro lado, además de los juegos conocidos, puede haber juegos inventados o adaptados, es decir, incluso cuando utilizamos un juego previamente inventado, este se puede adaptar al lugar, los participantes y las circunstancias, de modo que se cree una nueva variante del juego o que se cambien las normas. Todo este procedimiento requiere un proceso creativo por parte de quienes juegan. Un ejemplo son los juegos simbólicos, en los que se juega con representaciones mentales, y se realizan de forma espontánea.

### 3.1.2. Análisis del valor social y cultural del juego y la actividad lúdica

Como se ha visto en las funciones del juego en el desarrollo personal, el juego cumple un gran papel socializador:

- **Enseña a relacionarse con los demás**: la participación en el juego implica tener que interactuar con otros y aprender a respetar sus opiniones.
- **Facilita la incorporación al grupo de iguales**: en el juego se dejan al margen las diferencias socioculturales, y se ayuda a la integración de todos los/as que juegan.
- **Promueve la cooperación**: en colaboración con otros se alcanzan antes los objetivos del juego, además se aprende a elaborar estrategias de equipo.
- **Facilita la comprensión y aceptación de las normas sociales**: muchos juegos están pensados para enseñar a adaptarse a normas y reglas semejantes a las que se van a encontrar en la vida.
- **Desarrolla el lenguaje**: aumenta las capacidades de expresión y comunicación tan necesarias en el trato con los demás.
- **Desarrolla las opiniones**: facilita tener un criterio propio sobre las normas o desarrollo del juego, y fomenta el pensamiento crítico.

Además de su valor social, la actividad lúdica también tiene un gran valor cultural y en las tradiciones. La primera mención que existe sobre el juego es del año 3000 a. C., los juegos están presentes en todas las culturas. Tanto es así, que muchos juegos se repiten en la mayoría de las sociedades, pueden ser conocidos con nombres diferentes según donde se practique.

Pero el juego también sirve para introducir la cultura y las costumbres en las nuevas generaciones, ya que también posee unas características diferentes en función de la cultura de cada país, región o localidad. Así durante siglos, los juegos han sido un medio de transmisión de una cultura propia, para que así perdure de manera eficaz y genere en los miembros de esa cultura un sentimiento de identidad cultural propia.

Los llamados juegos tradicionales, pasan de generación en generación, se transmiten en asociaciones, clubes, instituciones, etc. y están relacionados con la historia, forma de trabajo, el folclore y cultura de un país o región. Algunos ejemplos son las muñecas, el escondite, saltar a la comba, la gallinita ciega, juegos de palmas, la petanca, los bolos, las canicas, juegos de mesa de tablero, etc.

## 3.2. Análisis y aplicación de los distintos juegos y recursos lúdicos

El juego se puede analizar desde la perspectiva de Piaget, psicólogo suizo célebre por su teoría constructivista del desarrollo de la inteligencia y por sus aportaciones al estudio de la infancia. Para Piaget el juego y los juguetes son considerados como materiales muy útiles para el desarrollo sensorio motor, cognitivo, del pensamiento lógico y del lenguaje en el niño/a.

> *Jean Piaget (1956), relacionó el desarrollo de los estadios cognitivos en el niño/a con el desarrollo de la actividad lúdica. Es decir, los distintos tipos de juego que surgen durante el desarrollo infantil son consecuencia directa de las transformaciones que sufren de forma paralela las estructuras cognitivas del niño/a.*

Piaget asocia tres formas básicas del juego con las fases evolutivas del pensamiento humano: el juego de ejercicio (actividades de exploración y manipulación); el juego simbólico (representaciones abstractas o ficticias del mundo); y el juego reglado (resultado de un acuerdo sobre normas colectivas).

Siguiendo a Piaget, utilizaremos los distintos tipos de juego para contribuir al desarrollo evolutivo, aplicando en cada etapa del desarrollo el tipo de juego más adecuado para esa fase. Es decir, los juegos que se realicen con grupos infantiles deben estar en consonancia con su edad y con su correspondiente fase evolutiva del pensamiento.

Además, en esos juegos deberemos trabajar aquellos objetivos que puedan ser adquiridos por los participantes en función del estadio del desarrollo en que se encuentren. Por tanto podemos decir, que a cada grupo de edad corresponden unos objetivos y tipos de juegos concretos.

- **Juegos de ejercicio o funcional (0-2 años)**: el juego es simplemente ejercicio, por lo que casi todos los comportamientos pueden convertirse en juego cuando se repiten por placer. Persiguen el dominio de las capacidades motoras y de experimentar en el mundo del tacto, la vista, el sonido, etc. Como por ejemplo: cinco lobitos, voy a dibujar mi cuerpo.
- **Juegos simbólicos o de ficción (2-7 años)**: estos juegos se caracterizan por "hacer como si", es decir, el niño/a da un significado propio a los objetos y los utiliza como si fuesen otra cosa. Por tanto, se representan y simulan experiencias vividas o inventadas. Algunos ejemplos son las cocinitas, las muñecas, etc.
- **Juegos de reglas (7-12 años)**: a causa de la mejora del pensamiento reflexivo, en estos juegos las reglas se constituyen de una forma objetiva, marcando las relaciones sociales en el grupo y exigiéndose a todos sus miembros un comportamiento acorde a esas normas. Por ejemplo el pilla-pilla, el escondite inglés.
- **Juegos de Construcción**: se forman construcciones con piezas. Se inician a partir de los 12 meses y son paralelos a todas las etapas evolutivas del niño/a: motores (meter, sacar, apilar), simbólicos (construir casas, barcos, castillos), y de reglas.

Los juegos de construcción estimulan la inteligencia y la creatividad.

### 3.2.1. Sistemática de ordenación y catalogación de juegos: según objetivos, edades, contextos, etc.

Además de las técnicas de animación, el monitor/a de tiempo libre dispone de gran variedad de juegos y recursos lúdicos que le permiten el aprendizaje y la formación de los grupos infantiles y juveniles.

A la hora de crear una programación de actividades de tiempo libre variada, flexible y eficaz nos facilitará mucho el trabajo contar con una clasificación y catalogación de los juegos de acuerdo con sus principales características.

Por un lado, esta clasificación nos ayudará a seleccionar los juegos y actividades lúdicas en función del objetivo que se pretenda con el juego. Pero por otro lado, es interesante que podamos también ir alternando juegos en función del espacio en el que se realizan, el número de participantes, el papel del monitor/a, etc.

Existen múltiples **criterios para la ordenación y catalogación** de juegos, aquí se propone una clasificación en la que se recogen los criterios que a mi modo del ver facilitan la tarea del monitor/a a la hora de realizar la programación de tiempo libre. Algunos tipos de juegos aparecerán en más de una clasificación.

- **Según el espacio en el que se realizan: juegos de interior y de exterior**

  A propósito del espacio apropiado donde desarrollar un juego, encontramos juegos más adecuados para realizar en el interior, y otros más propios de espacios exteriores.

  — **Juegos de interior:** habrá que tener en cuenta las características del espacio: tamaño [2 metros por persona se considera idóneo], ubicación [facilidades de acceso], mobiliario [ligero para cambiarse de sitio], instalaciones [higiénicas, ventiladas, seguras], y decoración [acorde con el centro de interés]. Los manipulativos, de imitación, verbales, razonamiento lógico, de memoria y muchos juegos simbólicos.

  — **Juegos de exterior:** son los juegos de aire libre con gran movimiento, actividades deportivas y juegos en la naturaleza. Son aquellas actividades lúdicas que requieren espacio suficiente para poder realizarlas, tales como perseguirse, esconderse, correr, montar en bici, trepar por una red, columpiarse, tirarse por un tobogán, etc.

- **Según el papel del monitor/a: juego libre, dirigido y presenciado**

  En los juegos los grupos infantiles y juveniles son los principales protagonistas, pero los monitores/as de tiempo libre también desempeñan un papel, que puede variar en los diferentes juegos.

  — **Juego libre:** aquel en el que los niños/as juegan espontáneamente o que se realiza en completa libertad, sin la intervención ni la vigilancia del monitor/a. Siempre que se dé un medio —físico y humano— adecuado en el que el niño/a pueda expresarse y actuar libremente surgirá el juego libre y espontáneo.

- **Juego presenciado**: en ellos aunque los participantes juegan solos, se necesita que el monitor/a esté presente para dar confianza o proporcionar seguridad aunque no intervenga directamente en el juego.
- **Juego dirigido**: en todos ellos los monitores/as tienen el papel de enseñar y dirigir el juego, es decir, se encargan de programar, realizar y guiar el juego, participar en el control del orden y de las reglas, y estimular a los participantes en el logro de los resultados.

- **Según tipo de agrupamiento: juego individual, de pareja, grupo**

  Según el número de participantes podemos clasificar los juegos en individuales, en paralelo, en pareja o en grupos.

  - **Juego individual**: el niño/a juega ejercita su propio cuerpo, explora objetos y juega con los juguetes pero sin interactuar con nadie aunque esté en compañía de otros/as niños/as.
  - **Juego en pareja**: son aquellos que se juegan en pareja con otra de las personas participantes.
  - **Juego de grupo**: se juegan en grupo con varios compañeros/as. En los juegos de grupo podemos diferenciar tres niveles de relación: asociativa, competitiva y cooperativa.

- **Según la relación de los participantes:**

  Son los juegos que se realizan entre varias personas pero en unos casos se realizan en forma de competición, y en otros como cooperación.

  - **Juegos cooperativos**: implican en su desarrollo a todos los niños y niñas, su realización depende de lo que hagan quienes participan. Hacen mención a la cooperación, a la conciencia de pertenencia al grupo y en general, todo lo que tiene que ver con la educación para vivir en paz. Un ejemplo sería el corro de la patata.
  - **Juegos competitivos**: en ellos es necesario jugar compitiendo, lo que implica aprender a ganar y aprender a perder. Dentro de los juegos de competición podemos distinguir entre aquellos que requieren de las destrezas y estrategias de los jugadores/as, y los que dependen del azar.

- **Según los objetivos que se pretenden:**

  En función de las capacidades y habilidades que queramos desarrollar en los grupos infantiles y juveniles podemos clasificar los juegos en:

  - **Juegos sensoriales**: son aquellos en los que se ejercitan los sentidos, y los podemos dividir en: visuales, auditivos, táctiles, olfativos, y gustativos. Suelen ser más habituales hasta los dos años aunque pueden prolongarse hasta los seis. Algunos ejemplos son hacer ruidos con silbatos, examinar colores, palpar los objetos.

— **Juegos motores**: ejercitan las habilidades motrices y permiten descargar las tensiones acumuladas. Aunque experimentan una fuerte evolución en los dos primeros años de vida, continúan durante toda la infancia y la adolescencia. Algunos juegos desarrollan la coordinación de movimientos como los juegos de destreza, juego de pelota ( fútbol, baloncesto, tenis); otros desarrollan la fuerza y la velocidad como correr, saltar, rodar, arrastrarse, tirar, empujar, etc.

— **Juegos manipulativos**: en ellos intervienen los movimientos relacionados con la presión de la mano como sujetar, abrochar, apretar, atar, coger, encajar, ensartar, enroscar, golpear, moldear, trazar, vaciar y llenar. Los niños/as desde los tres o cuatro meses pueden sujetar objetos si se los colocamos entre las manos y progresivamente irán cogiéndolos por sí mismos.

— **Juegos de imitación**: en ellos los niños/as tratan de reproducir los gestos, los sonidos o las acciones que han hecho los monitores/as anteriormente. Comienzan hacia los siete meses, extendiéndose durante toda la infancia.

— **Juegos de construcción**: son aquellos en los que se utilizan objetos, piezas o materiales para formar estructuras o construcciones. Comienzan aproximadamente a los 12 meses y continúan en la infancia y adolescencia pues van aumentando en complejidad. Algunos ejemplos son las torres de cubos, encajables, puzles tridimensionales, maquetas, etc.

— **Juegos físico-deportivo**: son aquellos en los que los participantes realizan esfuerzo físicos para desarrollar sus músculos y articulaciones. Los veremos con más detalle en otro apartado.

— **Juegos intelectuales**: se basan en destrezas intelectuales como la memoria, el razonamiento, atención, concentración, imaginación, comparación, etc. para solucionar diferentes situaciones. Suelen tener unas reglas complicadas y pueden necesitar tableros, fichas o instrumentos de escritura. Algunos ejemplos son los juegos de comparación que hacen fijar la atención de dos o más cosas para descubrir sus relaciones, juegos de relaciones temporales (ordenar viñetas en una secuencia temporal), los juegos de razonamiento (ajedrez, dominó, damas), juegos de reflexión (adivinanzas, acertijos), de imaginación (invención de historias, creación de cuentos colectivos).

— **Juegos verbales**: estos juegos favorecen y enriquecen el aprendizaje de la lengua. Se inician desde los pocos meses con la imitación de sonidos por parte del niño/a. Algunos ejemplos son los trabalenguas, rimas, refranes, adivinanzas y chistes.

- **Según con qué se juega**:

  En función de si necesitamos o no algún tipo de material para la realización de los juegos, podemos clasificarlos en:

  — **Juegos con materiales**: estos juegos a su vez pueden realizarse con juguetes, los cuales están dirigidos a desarrollar capacidades y habilidades puntuales y propias de cada edad (juegos de mesa, de pelota, de construcción). Y también pueden ser juegos que se lleven a cabo con objetos que puedan ser utilizados con un uso distinto en cada momento, es por ejemplo el caso de los juegos simbólicos.

  — **Juegos sin materiales**: son aquellos en los que para desarrollar el juego solo se necesita de los participantes. Algunos ejemplos son el escondite, el pilla-pilla, la carretilla, el escondite inglés, el pañuelo, "churro, media manga, manga entera", etc.

- **Según las capacidades que desarrollan**:

  Siguiendo el criterio de las capacidades podemos diferenciar cuatro tipos de juegos principales:

  — **Juegos psicomotores**: facilitan el desarrollo corporal y ayudan a crear la identidad. Son los juegos de movimiento, conocimiento corporal, de discriminación sensorial, etc.

  — **Juegos cognitivos**: favorecen el desarrollo del pensamiento, la abstracción y la creatividad. Son los juegos de descubrimiento, de memoria, manipulativos, etc.

  — **Juegos sociales**: facilitan las relaciones y la socialización. Tienen como finalidad la agrupación, cooperación, sentido de responsabilidad grupal, espíritu institucional, etc. Por ejemplo los juegos de reglas, cooperativos, etc.

  — **Juegos afectivos**: Favorecen la expresión de emociones. Un ejemplo son los juegos dramáticos o de rol, en los que cada participante asume un determinado papel.

**Actividad práctica:**

*Realizar una clasificación para los distintos tipos de juegos, estableciendo al menos tres criterios que a nuestro juicio permitan catalogar casi todos los juegos que conozcamos. Realizar una posterior justificación de porqué han sido elegidos esos criterios y no otros.*

### 3.2.2. Desarrollo y organización de los juegos y actividades lúdicas: fases, materiales, etc.

En la organización y preparación de los juegos, así como en el desarrollo de los mismos es necesario tener en cuenta una serie de etapas que van a contribuir a la mejor calidad en las actividades lúdicas. Las principales fases en la organización y desarrollo del juego son:

- **Fase de planificación**: consiste en incluir los juegos dentro de la programación de actividades de tiempo libre, más concretamente en el apartado de actividades. De este modo se garantiza que con los juegos que se lleven a cabo se está contribuyendo con éxito a los objetivos y metas previstos en la programación.
- **Fase de preparación**: establece todos los elementos que serán necesarios para el adecuado desarrollo de los juegos, tales como: qué juegos van a ser incluidos, en qué espacio o instalaciones se desarrollarán, cúal es el reglamento de cada uno de los juegos, qué materiales se necesitan para su ejecución, y otros aspectos como el presupuesto.
- **Fase de presentación del juego**: el monitor/a se dirige al grupo participante con el objetivo principal de informar de qué actividad se trata y de cómo se juega de forma sencilla y práctica (reglas, equipos, material, preparación, etc.). Es importante que la explicación del juego quede clara para los participantes, pudiendo repetirse en varias ocasiones y aclarando todas las dudas al respecto.
- **Fase de implementación**: durante todo el transcurso de los juegos los monitores/as de tiempo libre deberemos estar atentos a:
  - Asegurar que los equipos se forman equilibradamente (número, nivel y sexo), y conseguir la integración de todos.
  - Los problemas o errores que puedan surgir en el juego, y a la necesidad de volver a repetir alguna explicación.
  - Coordinar la distribución equitativa del material y del espacio de juego.

- Animar a los participantes de modo que se refuercen aquellas conductas positivas y se aliente a quien más lo necesite.
- Organizar la forma de evaluación y el sistema de puntuación del juego, así como el correcto cumplimiento de las normas.
- Asegurar que las actividades lúdicas se realicen de forma segura para todos y todas los participantes.

- **Fase de cierre**: el monitor/a realiza una reflexión con el grupo de participantes sobre cómo se ha desarrollado el juego y se extrae una conclusión, también se pueden otorgar los premios en el caso de que así se haya previsto. Además, en esta fase, se hace la evaluación de los juegos y se toman las medidas pertinentes para retroalimentar el proceso, rectificando los posibles fallos o áreas de mejora en la siguiente ejecución de los juegos.

En el desarrollo de los juego el monitor/a debe buscar la participación total de los participantes, por lo que su dedicación al mismo deberá ser alentadora, estimulante y equilibrada. De este modo, el **monitor/a** al dirigir la ejecución del juego puede intervenir de tres formas posibles:

- **Como animador**: animando la participación de todos los participantes, corrigiendo errores, aportando información y apoyando a los participantes con refuerzos (sobre todo positivos), todo ello desde fuera del propio juego.
- **Como jugador**: participando como un jugador más en el juego, integrándose plenamente en el grupo y buscando y creando un ambiente de cooperación. Esta forma estimula positivamente la participación de niños/as y jóvenes, y además el monitor/a da ejemplo con su actuación (actúa como un modelo a seguir).
- **Como árbitro del juego**: siendo completamente imparcial y a la vez manteniendo cierta flexibilidad en las reglas que permita mayor participación e integración del grupo. Las decisiones que tome el monitor/a deben respaldarse con argumentos válidos y comprensibles por todos, y evitar frases como “porque lo digo yo”.

El monitor/a puede asumir el rol de otro participante más.

Respecto a los **materiales** y recursos lúdicos, por un lado el monitor/a dispondrá todos aquellos que sean necesarios para poner en marcha el juego sin que se pierda el tiempo o se interrumpa la dinámica del juego. Estamos hablando de los materiales, utensilios e instrumentos necesarios para el desarrollo de la actividad lúdica de forma correcta (tableros, fichas, pelotas, porterías, cuerda y otros).

Por otro lado, el monitor/a de tiempo libre también va a necesitar una serie de recursos que le van a ayudar a organizar los juegos y actividades lúdicas. Desde un fichero con los distintos tipos de juego, hasta los documentos que se utilicen para registrar las puntuaciones conseguidas por los participantes en los juegos.

### 3.2.3. Sistemática en el desarrollo de soportes para el registro de juegos

Del mismo modo que es necesario conocer distintas catalogaciones de juegos, y aplicar los juegos y recursos lúdicos, es imprescindible también recopilar todas nuestras experiencias educativas en la implementación de los juegos. Para ello confeccionaremos un sistemas de fichas, con más o menos apartados, y mayor o menor información, en función del estilo y necesidades de cada monitor/a. Algunos **apartados** importantes para incluir en la confección de estas **fichas de registro de juegos** podrían ser:

- **Nombre del juego**: se incluye el nombre del juego, y si hemos introducido alguna variante, indicaremos un segundo nombre inventado, tras el nombre del juego original.
- **Objetivos**: qué finalidad perseguimos con la implementación del juego, que conocimientos, habilidades o capacidades queremos que desarrollen los participantes del juego.
- **Nº de participantes**: especificar un número mínimo y máximo de participantes.
- **Edad**: indicar la edad mínima y máxima para la ejecución del juego.
- **Duración**: duración aproximada en minutos del juego.
- **Materiales**: señalar aquellos materiales y herramientas que necesitaremos para realizar el juego.
- **Ubicación**: tipo de espacio ideal para realizar el juego, si es exterior o interior, que tipo de elementos son necesarios (mobiliario, decoración, paisaje urbano o natural, estación del año, hora del día, etc.).

- **Desarrollo:** incluir las explicaciones sobre cómo se juega, cómo se inicia y cómo finaliza el juego, qué diferentes papeles hay en él, etc.
- **Reglas:** especificar con detalles las normas del juego, y si existen variantes del juego detallar como cambian las normas.

### 3.2.4. Recursos lúdicos: tipos, características y aplicabilidad

Los recursos lúdicos ayudan al monitor/a a implementar las actividades de tiempo libre, a mejorarlas, y enriquecer el proceso de aprendizaje, por ello se debe seleccionar los materiales y recursos lúdicos con cuidado.

La elección de los recursos lúdicos dependerá de los objetivos que queramos alcanzar, y que hemos previsto previamente en la programación de actividades de tiempo libre. Pero además a la hora de elegir los recursos que vamos a utilizar debemos tener en cuenta una serie de **características** en los recursos lúdicos:

- Materiales de buena calidad, buena relación precio-calidad y que se puedan reparar.
- Permitir un sencillo manejo y una utilización autónoma por parte de quien juega.
- Variados, que ofrezcan variedad en el uso de juguetes: creativos, motrices y lingüísticos, de creatividad.
- Seguros, que no tengan elementos punzantes, materiales tóxicos, etc.
- Educativos, con verdadero valor como facilitadores del aprendizaje.
- Adecuados para cada edad, por ejemplo en el tamaño y la forma.
- Polivalentes, que admitan usos diferentes en distintos juegos.
- Atractivos, tienen que despertar la atención y motivación de los participantes.

Otro factora a tener en cuenta en la selección de recursos lúdicos es que pueden ser materiales comprados o de elaboración propia. Se tiende a pensar que los materiales y recursos que se pueden comprar ya hechos son los mejores, pero en muchas ocasiones los materiales confeccionados por nosotros mismos pueden ser más útiles y educativos. Además, si los grupos infantiles y juveniles también participan en la elaboración de los recursos también estaremos trabajando la responsabilidad, autonomía y la creatividad.

Por último, en la selección de recursos lúdicos debemos evitar criterios como juguetes para niños y juguetes para niñas, ya que en caso contrario estaremos contribuyendo a la discriminación por sexo. De modo que elegiremos aquellos juguetes que puedan ser empleados por participantes de ambos sexos indistintamente.

En cuanto a los **tipos de recursos lúdicos** que podemos utilizar como monitores/as, se considera de gran utilidad una clasificación que recoja varios tipos de juego en función de criterios como la procedencia y las capacidades que desarrollan.

- **Según su procedencia:**
  - **Comercializado.** Se adquiere ya confeccionado, existiendo en el mercado una gran variedad.
  - **Elaboración propia.** Son elaborados por los monitores/as a partir de nuestra propia experiencia, tienen la ventaja de adaptarse a las características y necesidades de los participantes, y ofrecen al niño/a la posibilidad de participar en la construcción de sus propios juguetes.
- **Según las capacidades que desarrollan**
  - **Psicomotores,** recursos lúdicos que los niños/as utilizan para tomar conciencia del cuerpo, para situarse en el espacio, desarrollar el tono muscular, la coordinación, el equilibrio, etc. Por ejemplo juegos de arrastre, carretillas, triciclos, camas elásticas, escaleras, toboganes, balancines, espejos, aros, globos, pelotas, cuerdas y demás.
  - **Sensoriales,** juguetes que permiten a partir de su manipulación, explorar las propias posibilidades sensoriales y conocer las cualidades de los objetos (tamaño, olor, textura, sonido, forma, color, temperatura, peso, etc.). Serían los rompecabezas, los juegos con sonido, juegos de encajar piezas.
  - **Expresión oral y escrita,** para fomentar la adquisición y desarrollo del lenguaje oral y escrito. Algunos ejemplos son las colecciones de libros de imágenes, láminas, murales, literatura infantil, etc.
  - **De manipulación, observación y experimentación,** son aquellos que potencian el aprendizaje por descubrimiento como por ejemplo los juguetes para cocinar, para cultivar plantas, para construcciones, etc.
  - **Pensamiento lógico,** facilitan el desarrollo del pensamiento racional en los grupos infantiles y juveniles. Son ábacos, relojes, calendarios, puzles, cartas, juegos de mesa, dominós de asociación de ideas, los bloques lógicos, las cajas de clasificación, etc.
  - **Representación y simulación,** son aquellos juegos que permiten el juego simbólico y juego dramático. Para ello podemos utilizar disfra-

ces, guiñoles, títeres, muñecos, cocinitas, casas de muñecas, castillos, animales de plástico, maletines de oficios, etc.

— **Expresión plástica y musical,** los juguetes para la expresión plástica se mezclan, cortan, pegan, manipulan, agujerean, etc. Como por ejemplo los que son con arcilla, plastilina, cuerda, tela, papel u otros. Los juguetes para el lenguaje musical son los instrumentos musicales que pueden ser comprados o elaborados.

— **Juegos para el trabajo de las TIC,** como las aplicaciones informáticas, las aplicaciones web (juegos on-line), CD, DVD, aplicaciones para dispositivos móviles y tablets, etc.

## 3.3. Metodología de participación del monitor en el juego: funciones y dinamización

El papel del monitor/a de tiempo libre, además de educar para un disfrute sano del tiempo de ocio, recoge otras funciones que podemos resumir en educar y enseñar a través de actividades de tiempo libre educativo dirigidas a la infancia y la juventud, aplicando las técnicas específicas de animación grupal, incidiendo en la educación en valores y atendiendo a las medidas básicas de seguridad y prevención de riesgos. En el caso de la metodología de participación del monitor/a en el juego podemos clasificar sus funciones del siguiente modo:

- **Función educativa:** el monitor/a como educador tiene que conocer los objetivos, contenidos, metodologías, técnicas de animación, etc., relacionados con la puesta en marcha de los juegos. Pues éstos son una forma de educar en valores, desarrollar la personalidad y determinadas habilidades y capacidades. Además, el monitor/a en su participación en los juegos dará ejemplo en su comportamiento y valores.
- **Función mediadora:** durante el juego el monitor/a debe mediar entre el juego y los participantes, y entre el grupo de participantes en sí. Detectando necesidades individuales, conflictos interpersonales, o problemas grupales, y haciendo una labor de solucionador, reeducador y conciliador. Su función también será mantener el orden y vigilar el cumplimiento de las normas durante los juegos.
- **Función animación:** tanto al inicio del juego, como para mantener la motivación de los participantes durante el juego, el monitor/a tiene que estimular y motivar los grupos infantiles y juveniles, por ejemplo reforzando los logros conseguidos, los comportamientos adecuados, y la colaboración y participación en los juegos.

- **Función socializadora:** actuando como nexo de unión entre los miembros de grupos infantiles y juveniles, y entre los participantes y el monitor. Generando un clima de confianza, pero respeto a la vez, que permita la libre expresión de opiniones. Dinamizando y cohesionando los grupos para el mejor funcionamiento y participación en los juegos. Y ayudando en la integración de cada persona en los grupos y en su propio entorno sociocultural.

## 3.4. Análisis de la interrelación entre juegos y juguetes

Decíamos que el juego es una acción para la diversión y el entretenimiento que puede ser utilizada también con fines educativos; y el juguete es el instrumento para desarrollar el juego.

Actualmente se tiende a saturar a los niños/as con un gran número de juguetes, pero sin oportunidad de compartirlos, ni se les explica cómo utilizarlos correctamente. De modo que se puede producir un sentimiento de aislamiento y frustración en quienes juegan.

Por otro lado, en la sociedad hay una tendencia a que niños/as y jóvenes jueguen cada vez más con videojuegos, ordenador y dispositivos móviles, y queden en desuso todos aquellos juegos que se realizaban en la calle. Y es que los juegos tienden a imitar la realidad de los adultos, un ritmo de vida en el que no tienen tiempo para interactuar ni socialmente ni con la naturaleza, pero pasan mucho tiempo trabajando o en casa frente al televisor, el ordenador, la tablet, o el teléfono móvil.

Como monitores/as debemos seleccionar aquellos juguetes que permitan el desarrollo de juegos en los que sea necesaria la interacción con otros participantes, así contribuiremos no solo al desarrollo cognitivo, afectivo y/o motor, sino también al desarrollo social, relacional y comportamental tan descuidado en la sociedad actual.

Además, no podemos confiar en las bondades de los juguetes y en que realizarán por si solos una tarea educativa con el niño/a, sino que los monitores/as tenemos que explicar cuál es el uso del juguete, y supervisar que el uso que se le da permite su máximo potencial educativo.

Finalmente, señalar que el juego no es una actividad exclusiva de la infancia, sino que el juego y los juguetes son un excelente recurso de diversión para todas las edades, favoreciendo la relación y comunicación entre niños, jóvenes y adultos.

## 3.5. Valoración de los centros de recursos lúdicos: definición y características

El término ludoteca proviene de la palabra latina *ludus* (juego, juguete) y del término griego *theke* (caja, cofre), y hace referencia a un lugar con diferentes recursos lúdicos y juguetes, donde el ludotecario/a educa, forma y desarrolla capacidades mediante juegos y juguetes que sean de beneficiosos para niños/as de diferentes edades.

> Las ludotecas son espacios destinados a facilitar el juego, que proliferaron a partir de la década de 1960, con el objetivo de ayudar a las familias con niños/as con dificultades, y más tarde ampliaron sus objetivos ofreciendo diversos servicios como el préstamo de juguetes y ayuda especializada con el fin de estimular el desarrollo físico y mental, así como la comunicación, cooperación y creatividad.

Las **características** imprescindibles de las ludotecas, en las que coinciden diversos autores, se pueden sintetizar del siguiente modo:

- Son espacios de encuentro de la infancia y juventud en el tiempo libre.
- Poseen diversidad de juguetes y recursos lúdicos destinados al juego por parte de los niños/as o a su préstamo. El sistema de préstamos es similar al de una biblioteca, cada juguete tiene su código, lugar específico, y ficha de préstamos.
- Accesibles para niños/as de todos los ámbitos sociales, y un espacio para la comunicación e integración mediante actividades lúdicas de convivencia, roles, valores, etc.
- Coordinadas por profesionales, los ludotecarios/as, que tienen un papel de educador/a de la ludoteca.
- Pensadas para desarrollar la personalidad del niño/a a través del juego y el juguete, utilizan el juguete como una de las principales herramientas de intervención educativa, social y cultural.

Las ludotecas se pueden clasificar en distintos tipos dependiendo de varios factores. En función de los **modelos de gestión** de las mismas se puede hablar de ludotecas:

- De titularidad y gestión pública: Ayuntamientos, Comunidades Autónomas, etc.
- De titularidad pública y gestión privada: igual que las anteriores, pero se concede la gestión a una empresa privada, normalmente por concurso público.
- De asociaciones y fundaciones.

Ludoteca con diversos recursos lúdicos para jugar y prestar.

Por otro lado, según la **especialización** de la ludoteca, existen ludotecas:

- Escolares: incluidas en centros educativos.
- Hospitalarias: para mejorar la estancia en hospitales.
- Itinerantes: con el fin de acercar el juguete a núcleos rurales.
- Terapéuticas: para niños/as con discapacidades, dificultades escolares, etc.

En los centros de recursos lúdicos el equipamiento, juegos y juguetes deberán cumplir la legislación europea en materia de seguridad; asimismo los recursos lúdicos y juguetes se deben mantener en perfectas condiciones de uso, limpieza y seguridad; y se evitará el acceso de los niño/as a los juegos no adecuados para su edad y/o características.

## 3.6. Métodos de adaptación, transformación y creación de juegos

En las actividades de tiempo libre infantil y juvenil tenemos un gran abanico de juegos y actividades que podemos implementar. Pero también los monitores/as y los propios participantes en los juegos pueden aumentar esa variedad de juegos. Para ello entrarán en juego la creatividad, la imaginación y la originalidad para idear nuevos juegos y variantes de los ya existentes.

Podemos idear numerosos métodos para la adaptación y creación de juegos, que facilitarán tanto a monitores/as como a participantes la invención de juegos:

- Elaboración de juegos simples en sus reglas y procedimientos. Por ejemplo, que cuando digamos una palabra determinada, todos corran a pegar su cuerpo a la pared de espaldas.
- Combinación o fusión de juegos para crear uno nuevos.
- Creación completa de juegos nuevos desde cero.
- Modificación de juegos que ya existen, introduciendo mejoras o variaciones:
  - Incorporación de habilidades diferentes a las requeridas por un juego original de referencia. Por ejemplo, realizar un juego con los ojos vendados, o jugar al pilla-pilla corriendo a cuatro patas.
  - Adecuar el juego a las características de los jugadores por ejemplo eliminando la limitación de tiempo que tienen los jugadores del juego para realizar el propósito del mismo.
  - Transformar los juegos competitivos con reglas que eviten la exclusión y procurar la ayuda mutua y la diversión de todo el grupo de participantes. En aquellos juegos en que no se pasa la pelota a los jugadores menos habilidosos, cambiar ciertas reglas para que se solucione esta situación, por ejemplo que cada vez que se reanude el juego, que antes de marcar, la pelota tenga que pasar por todos los jugadores/as para que sea válido el siguiente tanto.
  - Modificar juegos que se practicaban de manera individual de modo que se juegue en parejas o equipos. Por ejemplo jugar al futbol en parejas (con los jugadores cogidos de la mano).

## 3.7. Análisis y gestión de las fuentes de información sobre juegos y juguetes

Algunas de las fuentes de información que debemos analizar y gestionar los monitores/as de tiempo libre en relación a los juegos y juguetes, se pueden sintetizar de la siguiente manera:

- **Legislación**: es necesario conocer tanto en la normativa española como la europea en materia de juguetes. Por ejemplo la que hace referencia a la obligación de llevar la marca CE en los juguetes que cumplen la normativa europea.
- **Páginas web**: en internet podemos encontrar numerosas páginas web y blogs que aportan valiosa información referente a juegos y juguetes.

- **Libros y artículos de interés:** cada vez encontramos más literatura y publicaciones especializadas en el mundo del juego y del juguete.
- **Catálogos de juguetes:** ofrecen una gran oferta de juguetes, que en muchas ocasiones están diferenciados por edades, y que además intentan dejar atrás roles predeterminados para niños y niñas.
- **Centros educativos, centros juveniles, centros lúdicos o ludotecas:** pueden prestar o recomendar multitud de recursos lúdicos.

## 3.8. Análisis de los juegos físico-deportivos: deportes tradicionales, tipos, características y funciones. Organización según el contexto sociocultural

Las actividades deportivas ocupan buena parte de la programación de las actividades de tiempo libre infantil y juvenil. Los **juegos físico-deportivos** son aquellos que se organizan en torno a la práctica de algún deporte, y buscan desarrollar el cuerpo y la mente en armonía *(mens sana in corpore sano)*.

Decíamos que una de las utilidades de los juegos es que sirven para liberar la energía sobrante, lo mismo ocurre con los juegos deportivos, que satisfacen la necesidad de movimiento de los niños/as, y además proporcionan un aprendizaje de calidad, ya que lo que aprendemos a través de la acción lo retenemos mucho mejor.

*García Ferrando (1990), entiende que en todo deporte aparecen tres elementos esenciales definiéndolo como "una actividad física e intelectual, humana, de naturaleza competitiva y gobernada por reglas institucionalizadas".*

Los juegos físico-deportivos son actividades que combinan, en mayor o menor medida, distintos aspectos de los juegos y del deporte, como son el entretenimiento, el desarrollo físico, el desarrollo psíquico y la competencia. Por tanto, estos juegos contienen elementos afines a alguna modalidad deportiva, pero a su vez son el resultado del componente lúdico y no competitivo de todos los juegos.

En las actividades de tiempo libre basadas en los juegos de predominio físico-deportivo no debemos promover el deporte competitivo, sino que estos juegos se caracterizan por:

- Mejorar las condiciones físicas y psíquicas de quienes lo practican.
- Estimular y desarrollar la cooperación y solidaridad.
- Prevenir de problemas de salud, psíquicos y de conducta.

Dentro de las actividades deportivas podemos encontrar varios **tipos**:

- **Deportes tradicionales o convencionales:** juego caracterizado por el uso de utensilios y modos propios de una tradición concreta, y desarrollado como fue típico en épocas pasadas. Son ejemplos el fútbol, balonmano, baloncesto, natación, hockey, tenis, voleibol, rugbi, waterpolo, escalada, etc.
- **Deportes modificados:** práctica deportiva en la que se varía alguno de los elementos técnicos o se introducen reglas no oficiales, que hacen cambiar de forma total o parcial el deporte, haciendo que este se vea más como un juego que como deporte. Por ejemplo, jugar al futbol por parejas atados por el tobillo, o jugar al voleibol con la red tapada con una sábana.
- **Deportes alternativos y cooperativos:** no utilizan materiales sujetos a formas tradicionales de fabricación para las actividades físico-deportivas, o en el caso de que sí usaran estos materiales, recibirían un uso distinto al que tenían cuando se diseñaron. Además son deportes alternativos aquellos que surgen de la variación de las normas y/o las condiciones de juego de un deporte federado. Se pueden clasificar en:
    - — Juegos y deportes colectivos: indiaca, frisbee, balonkorf, floorball.
    - — Juegos y deportes de adversario: bádminton, palas, shuftlebal.
    - — Deportes individuales sobre ruedas: monopatín, patines de rueda.
    - — Juegos de lanzamientos: boomerang, juegos malabares, peloc.
    - — Juegos de cooperación: balones, globos gigantes y ultimate.

Hay muchas teorías sobre las **funciones** de las actividades físico-deportivas en el ámbito del tiempo libre, las principales funciones se pueden recopilar en:

- Proporcionar diversión, alegría y motivación de los participantes.
- Promover el desarrollo físico, el movimiento y liberación de tensiones.
- Educativa, de aprendizaje y de control de sí mismo.
- Superación personal y perfeccionamiento personal al competir con otros participantes, aunque no haya rivalidad.
- Buscar el placer y la satisfacción por el ejercicio y el movimiento.

- Valorar los efectos del deporte en la salud y la calidad de vida.
- Cooperar a través de las funciones asumidas dentro de un equipo.
- Integración y promoción social a través de la práctica de actividades deportivas.
- Participación con independencia del nivel de destreza que se tenga.
- Creación de espectáculo para el disfrute de todos.

### 3.8.1. Sistemática para la organización de juegos físicos y deportivos en diversos contextos: objetivos, materiales, reglas, condiciones, etc.

Una sistemática que podemos aplicar para la organización de juegos físico-deportivos es la que hacen Devís y Peiró (1992) que agrupan los juegos deportivos en cinco grupos distintos en función del **objetivo** del juego:

- **Juegos deportivos de blanco o diana**: en los que el elemento móvil (bola, pelota) debe alcanzar, con mayor precisión y menor número de intentos que el resto de los jugadores, la diana del juego. Son un ejemplo el golf, bolos, etc.
- **Juegos deportivos de campo y bate**: en los que un equipo lanza el elemento móvil dentro del espacio de juego con la intención de que sea devuelto o recogido lo más tarde posible, mientras ellos realizan diferentes desplazamientos en una determinada zona. Son el béisbol, softball, cricket, etc.
- **Juegos deportivos de cancha dividida**: consiste en que el móvil toque el espacio de juego del equipo contrario sin que pueda ser devuelto. Tenis, voleibol, bádminton.
- **Juegos deportivos de red y muro**: consiste en lanzar el móvil contra la pared de modo que el contrario/a no pueda devolverlo a la misma. Squash, pelota vasca, frontón.
- **Juegos deportivos de invasión**: el objetivo es alcanzar con el móvil el mayor número de veces la meta del contrario, sin que éste lo consiga en la nuestra. Fútbol, waterpolo, hockey.

En función del tipo de **material** que vamos a utilizar para los juegos físico-deportivos podremos estar haciendo referencia a:

- **Materiales convencionales**: son aquellos que se utilizan en los deportes tradicionales como la pelota de fútbol.

- **Material convencional aplicado de forma alternativa**: por ejemplo el baloncesto-manos atadas, es jugar al baloncesto pero con la dificultad de tener las manos atadas a las de un compañero.
- **Materiales no específicos del deporte**: tanto en la naturaleza (piedras, hojas, piñas, etc.) como en el medio urbano (bancos, escaleras, paredes, etc.).
- **Materiales de deportes alternativos**: disco volador, indiacas, floorball, etc.

El floorball es similar al hockey sobre hielo, pero se puede practicar todo el año.

En la organización de los juegos físico-deportivos en relación a las **condiciones y reglas** con las que se desarrollan, la clasificación del juego deportivo según García Ferrando (1990) considera que en función del mayor o menor carácter utilitario que tenga el juego se pueden distinguir tres categorías:

- **Deportes formales**: incluyen las prácticas profesionales y de alta competición. En éstas, el juego tiene muy poca importancia.
- **Deportes semiformales**: aquellos que tienen carácter competitivo y organizado, pero no requieren gran dedicación en entrenamientos.
- **Deportes informales:** aquellos en los que el componente lúdico y recreativo tiene el mayor valor.

### 3.8.2. Aplicación de los deportes tradicionales al desarrollo de actividades de tiempo libre

El juego físico-deportivo tradicional es aquel juego que se ha transmitido de generación en generación, habitualmente de forma oral, y que solo más adelante se comenzó a transmitir de forma escrita. Estos juegos evolucionan y se modifican hasta que forman parte de los rasgos populares propios de cada cultura o región.

España es un país rico en juegos y deportes tradicionales, en cada región española hay unos juegos propios, por ejemplo en el País Vasco (la sokatira y la pelota vasca), en Cantabria (los bolos y el remo), en Castilla (el boleo o la rana), y en la Comunidad Valenciana (los palomos deportivos y la vela).

Para organizar los juegos y deportes tradicionales nos inspiramos en la clasificación de Moreno Palos (1992):

- **Juegos y deportes de locomoción:** carrera, marcha, patinaje, esquí.
- **Juegos y deportes de lanzamiento:** a distancia y de precisión.
- **Juegos y deportes de pelota y balón:** con las manos (juego de pala) o con los pies, pelota vasca.
- **Juegos y deportes de lucha y de fuerza:** esgrima, lucha, levantamiento de peso.
- **Juegos y deportes náuticos y acuáticos:** natación, regatas a vela, regatas a remo.
- **Juegos y deportes con animales:** pesca, juegos de caza
- **Juegos y deportes de habilidad en el trabajo:** actividades agrícolas.
- **Juegos y deportes de saltos y equilibrio:** saltos con pértiga o bastón.
- **Juegos de sociedad:** juegos de tablero (damas y ajedrez, parchís, etc.) juegos de mesa (cartas), juegos de salón.
- **Juegos de bolas:** bolos, juego de bate y bola, la petanca.
- **Juegos de puntería:** tiro con arco, tiro con ballesta, tiro de pelota, tiro con escopeta.

También se pueden incluir en los juegos físico-deportivos los llamados juegos de calle, que adquieren enorme importancia en el proceso de socialización del niño: el escondite, la gallina ciega, policías y ladrones, las 4 esquinas, pie quieto, a la rueda la alcachofa, el látigo, la goma, la comba, las sillas, el pañuelo, las chapas, el aro, el trompo, etc.

**Actividad práctica:**

*Realizar una tabla clasificatoria para los juegos y deportes tradicionales de acuerdo a criterios propios y de otros autores. Poner dos ejemplos de cada uno de los tipos de juegos deportivos recogidos en la clasificación, y explicar en qué consisten.*

### 3.8.3. Análisis y gestión de las fuentes de información sobre actividades de predominio físico-deportivo

En las actividades de predominio físico deportivo son muchas las fuentes de información que podemos encontrar. A medida que buscamos información sobre los deportes adaptados a las actividades de tiempo libre, o los deportes alternativos enfocados a la animación sociocultural, la información es algo más difícil de encontrar.

Las fuentes de información a las que podemos acudir son las ya comentadas anteriormente, y algunas más:

- **Buscadores de internet o motores de búsqueda:** Google, Yahoo, Bing, Ask.
- **Páginas web y blogs:** que contienen información sobre los deportes (características, reglas, normas, etc.).
- **Redes sociales:** donde usuarios y grupos intercambian opiniones y experiencias de monitores de tiempo libre y profesionales de la educación física, que comparten sus conocimientos y recursos.
- **Centros y asociaciones deportivas:** nos pueden proporcionar distintos tipos de entrenamientos para llevar a cabo en la animación sociocultural.
- **Instituciones, asociaciones y organismos:** por ejemplo en la ONCE nos pueden informar sobre actividades deportivas para personas ciegas.
- **Resúmenes de tesis doctorales y artículos de revistas.**
- **Listas de distribución:** Red Iris, Edutic, AIDIPE.
- **Guías, libros y manuales:** guías de programas de juventud, directorio europeo de centros de información para la juventud, etc.
- **Bases de datos:** por ejemplo las pertenecientes a las universidades españolas.
- **Catálogos:** REBIUN, CCUC, Catálogo de la Red de Bibliotecas del CSIC.

El análisis y la organización de la información obtenida sobre las actividades físico-deportivas lo podemos gestionar a través de un fichero de actividades muy similar al que hemos utilizado para el registro de juegos en general.

**Supuesto práctico:**

*En un supuesto práctico de preparación de juegos de predominio físico:*

- *Seleccionar los juegos teniendo en cuenta las características de la persona, el trabajo en equipo y la cooperación.*

*En un supuesto práctico de organización de actividades de juego en un contexto determinado:*

- *Organizar distintos tipos de juegos, grandes juegos, juegos cooperativos, juegos tradicionales, juegos físico-deportivos y otros.*

# Resumen

El juego es un derecho universal para la infancia y juventud, y una herramienta del monitor/a para que mediante la actividad lúdica se desarrollen los comportamientos sociales, la cognición, el cuerpo, la personalidad y la autonomía.

Los juegos y recursos lúdicos son para el niño/a y los jóvenes una actividad de preparación para la vida, pues existen tantos tipos de juegos como aspectos del desarrollo integral de la persona (juegos motores, juegos de imitación, juegos simbólicos, juegos cooperativos, etc.).

Los monitores/as de tiempo libre seremos los mediadores entre los juegos y niños/as y jóvenes. Para ello emplearemos diversos juegos, recursos lúdicos y juguetes que nos permitirán organizar la actividad lúdica para conseguir que niños/as y jóvenes alcancen los objetivos previstos en la programación de tiempo libre a través del juego.

Los juegos físico-deportivos se organizan en relación a algún deporte, pueden ser bien tradicionales, alternativos o adaptados. Y sirven para liberar la energía sobrante, satisfacer la necesidad de movimiento de los niños/as, y proporcionar un aprendizaje permanente.

# Test de autoevaluación

3.1. El valor educativo del juego viene dado por:

a) Promueve actividades divertidas y placenteras para el niño/a.

b) Reduce la sensación de gravedad frente a errores y fracasos.

c) Desarrolla la inteligencia, la afectividad, la personalidad, la sociabilidad y la autonomía.

d) Todas las opciones anteriores son correctas.

3.2. ¿Qué tipo de función del juego contribuye al control emocional, al dominio de la voluntad y el desarrollo de los instintos sociales o altruistas?.

a) Función cognitiva.

b) Función social.

c) Función afectiva.

d) Función sensorial.

3.3. El juego en el que los niños/as juegan espontáneamente, sin la intervención del monitor/a se denominan:

a) Juego libre.

b) Juego presenciado.

c) Juego dirigido.

d) Juego autónomo.

3.4. Los monitores/as tenemos que estar pendientes de los problemas o errores que puedan surgir en el juego, y de la necesidad de volver a repetir alguna explicación, en la fase de:

a) Fase de preparación.

b) Fase de presentación.

c) Fase de implementación.

d) Fase de explicación.

3.5. El juego físico-deportivo en el que se cambian de forma total o parcial alguno de los elementos técnicos o reglas del deporte, haciendo que este se vea más como un juego que como deporte, se denomina:

a) Deporte modificado.

b) Deporte imaginativo.

c) Deporte alternativo.

d) Deporte tradicional.

# 4. Técnicas de educación ambiental

**Palabras clave:** educación ambiental, actividades medioambientales, técnicas descubrimiento del entorno, técnicas de orientación, excursionismo, rutas de senderismo, señalización de senderos, campamentos, técnicas de acampada, materiales.

## Introducción

La educación ambiental es una corriente de pensamiento y acción que adquiere relevancia a partir de los años setenta, cuando la destrucción de los hábitats naturales y la degradación del medio ambiente empiezan a ser considerados como problemas sociales. Se celebraron diversos congresos y conferencias internacionales sobre educación ambiental que la mayoría siguen teniendo vigencia en la actualidad, entre ellos: el Coloquio Internacional sobre Educación relativa al Medio Ambiente (Belgrado, 1975), la Conferencia Intergubernamental sobre Educación relativa al Medio Ambiente (Tbilisi, 1977), el Congreso Internacional de Educación y Formación sobre Medio Ambiente (Moscú, 1987), la Conferencia Internacional Medio Ambiente y Sociedad: Educación y Sensibilización para la Sostenibilidad (Tesalónica, 1997), y la Cumbre de la Tierra, Conferencia Mundial sobre Medio Ambiente y Desarrollo (Río de Janeiro, 1992).

Desde entonces, se han realizado muchas reuniones y acuerdos internacionales en materia de medio ambiente y educación ambiental que han permitido llegar al concepto actual de **Educación Ambiental,** como la estrategia para alcanzar los cambios culturales y sociales necesarios para el logro de la preservación del ambiente.

El efecto invernadero, el agujero en la capa de ozono, la desertización, el agotamiento de los recursos, la pobreza, el reparto injusto de la riqueza, la desigualdad en las relaciones entre los pueblos, etc. son algunos **problemas ambientales** que amenazan el medio ambiente y el disfrute de una vida digna.

Es imprescindible una educación ambiental que capacite a las personas para abordar estos problemas, poniendo en práctica diferentes salidas en su contexto vital (hogar, escuela, ocio, trabajo, comunidad), tanto de forma individual como colectiva. De este modo en las actividades de tiempo libre infantil y juvenil la educación ambiental será uno de los grandes ejes sobre los que se organizarán dichas actividades, ya que es nuestro objetivo formar personas con valores y principios éticos, morales y medioambientales.

# Contenido

4.1. Aplicación de los fundamentos de la educación ambiental en actividades de tiempo libre. Valores de la educación ambiental.

4.2. Tipos de actividades en el medio natural: descripción, características, ventajas y limitaciones.

4.3. Rutas y campamentos: diseño, organización, recursos y materiales y medidas de seguridad.

## 4.1. Aplicación de los fundamentos de la educación ambiental y en actividades de tiempo libre. Valores de la educación ambiental

En el Coloquio Internacional sobre Educación relativa al Medio Ambiente (Belgrado, 1975), se establecen las metas principales de la Educación Ambiental:

- **Crear de conciencia:** ayudar a las personas y a los grupos sociales a que adquieran mayor sensibilidad y conciencia del medio ambiente y sus problemas.
- **Transmitir conocimientos:** ayudar a adquirir una comprensión básica del medio ambiente en su totalidad, de los problemas medioambientales y de la función de la humanidad en ellos. Fomentando una actitud crítica.
- **Promover actitudes y destrezas:** que ayude a adquirir valores sociales e interés por el medio ambiente que impulse a las personas a participar activamente en su protección y mejora.
- **Solucionar problemas:** ayudar a las personas y a los grupos sociales a adquirir las aptitudes necesarias para resolver los problemas ambientales.
- **Capacidad de evaluación:** ayudar a evaluar medidas y programas de educación ambiental en función de los factores ecológicos, políticos, sociales y educativos.
- **Participación y toma de decisiones:** que ayude a desarrollen su sentido de responsabilidad y a que tomen conciencia de los problemas del medio ambiente, para asegurar que se adopten medidas adecuadas al respecto.

> La educación ambiental es un proceso educativo formal, no formal e informal cuyo objetivo es generar una conciencia y cultura ambiental, así como promover las actitudes, valores, conocimientos y actuaciones necesarias para preservar el medio ambiente.

La educación ambiental por tanto trata de educar a las personas desde tres ámbitos:

- **Educación Ambiental formal:** es la transmisión de conocimientos, aptitudes y valores ambientales que se traducen en acciones de cuidado y respeto por la diversidad biológica y cultural que se da dentro de los centros educativos. Tiene lugar en la llamada educación reglada (desde la Educación Infantil hasta la Universidad) y está regulada por planes de estudios y programaciones.
- **Educación Ambiental no formal:** al igual que la formal, es la transmisión de valores ambientales que se produce con un carácter de intencionalidad, pero que tiene lugar fuera sistema educativo institucional. Puede estar llevada a cabo por Ayuntamientos o Comunidades Autónomas con actividades extraescolares, campamentos o colonias, ludotecas, etc.
- **Educación Ambiental informal:** son aquellos conocimientos, aptitudes y valores que se transmiten de manera no intencionada o involuntaria, y que la realizan los gobiernos, medios de comunicación (prensa, radio, televisión, Internet, etc.), empresas, religiones, etc. Puede ser un recurso para ser utilizado en la educación formal y la no formal, por ejemplo vídeos de las campañas divulgativas en televisión sobre el reciclaje.

> *En el Congreso Internacional de Educación y Formación sobre el Medio Ambiente de Moscú (Naciones Unidas, 1987), se define la* ***educación ambiental*** *como "un proceso permanente en el cual los individuos y las comunidades adquieren conciencia de su medio y aprenden los conocimientos, los valores, las destrezas, la experiencia y también la determinación que les capacite para actuar, individual y colectivamente en la resolución de los problemas ambientales presentes y futuros".*

### 4.1.1. Análisis como recurso lúdico y educativo del medio natural y urbano: posibilidades y condicionantes

El papel de los monitores/as de tiempo libre en las actuaciones de la educación ambiental no formal es primordial, ya que son ellos quienes programan e implementan las actividades de ocio y tiempo libre que están en progresivo crecimiento en nuestra sociedad.

Se consideran recursos lúdicos y educativos para la educación ambiental los conjuntos de recursos organizados, de carácter físico, conceptual o metodológico que apoyan las actividades de tiempo libre ambientales, tales como:

- **Espacios físicos:** aulas, talleres, laboratorios, ludotecas, museos, centros de interpretación, etc.
- **Escenarios pedagógicos organizados:** itinerarios, paisajes, espacios locales, vías verdes, etc.

- **Proyectos pedagógicos:** realización de proyectos con definición de objetivos, contenidos, estrategias, métodos y técnicas, así como uso de recursos materiales, recursos humanos y criterios evaluación.
- **Recursos materiales:** material audiovisual, publicaciones, recursos gráficos (murales, fotografías), juegos interactivos, etc.

Algunas de las posibilidades que ofrecen los recursos lúdicos y educativos en el medio natural y urbano las hemos recogido en la siguiente clasificación de actividades de educación medioambiental:

- **Educación sobre el medio:** donde se trate cuestiones ambientales en el aula o taller. En las aula o talleres a través de sus factores ambientales y materiales de uso colectivo (materiales de tipo audiovisual, gráfico, interactivo, o informático); en aulas de la naturaleza, aulas del mar, centros de interpretación medioambientales, etc.
- **Educación en el medio:** se realice un estudio del medio en que está enclavado el lugar donde se desarrollan las actividades de tiempo libre o del entorno en que viven los participantes desde el punto de vista medioambiental.
  — **Actividades en el medio natural:** marcha, acampada, orientación, rastreo, etc.
  — **Actividades en el medio urbano o artificial:** itinerarios, equipamientos, museos, bibliotecas, ludotecas, rocódromos, etc.
- **Educación para el medio:** desemboca en una acción tendente al cambio de actitudes, a la formación de valores, para conservar el medio natural y/o urbano, para incidir sobre él con un espíritu de conservarlo si no está dañado o de transformarlo si lo está. Por ejemplo actividades de turismo rural (componentes: cultural, ecológico, etc.), actividades de senderismo, deportes de aventura, campamentos, etc.

Respecto a los condicionantes en las actividades ambientales de tiempo libre, el primero en el que se piensa son los relativos a los condicionantes de los recursos económicos, pero también nos van a condicionar los recursos humanos necesarios para realizar visitas, acampadas y otras actividades (requieren más monitores/as que otras actividades) y los recursos materiales que puedan facilitar la adopción de ciertas medidas medioambientales.

Por último, aunque no sean condicionantes, sí que implican una condición para el trabajo de todos los monitores/as de tiempo libre, es la responsabilidad implícita de todo monitor/a en el cuidado del medio ambiente, en la organización y desarrollo de los programas de actividades de tiempo libre, y la adecuada gestión ambiental desde nuestro puesto de trabajo.

Para una gestión medioambiental de las actividades de tiempo libre en sí mismas se tomarán medidas como por ejemplo:

- Gestionar la generación de residuos procedentes de las actividades de expresión plástica (botes de pintura, botes de barniz, restos de tintes, disolventes etc.), para así evitar las consecuencias ambientales negativas de las actividades de tiempo libre en la naturaleza.
- Evitar en la organización de las actividades el agotamiento de los recursos, por ejemplo reutilizando el papel.
- Impedir el daño a las plantas y animales en las acampadas, por ejemplo evitando acampar cerca de zonas de cría de aves.

**Actividad práctica:**

*En pequeños grupos elegir un problema o desastre medioambiental, y analizar: antecedentes históricos, causas del problema o desastre, repercusiones en el cambio climático, y medidas preventivas. Opcionalmente, se podrán realizar exposiciones por grupos ante el resto de los compañeros/as de cada uno de los problemas o desastres elegidos.*

## 4.2. Tipos de actividades en el medio natural: descripción, características, ventajas y limitaciones

La definición y tipología de actividades en el medio natural no es sencilla, ya que en función de la finalidad perseguida por dichas actividades se pondrá el acento en una clasificación u otra. Hemos elegido dos clasificaciones útiles y esclarecedoras para la organización de actividades en el medio natural.

La primera es una clasificación que se ha usado tradicionalmente y que describe estas actividades en función del **medio físico** implicado en el desarrollo de las mismas:

- **Actividades de tierra:** bicicleta de montaña, excursiones, trekking, marchas campo a través, acampada, escalada, espeleología, carreras de orientación, etc.
- **Actividades de aire:** parapente, paracaidismo, ala delta, vuelo sin motor, vuelo en globo, etc.
- **Acuáticas:** natación, buceo, snorkel, surf, piragüismo, kayak, descenso de barrancos, juegos en espacios naturales (playas, lagos, ríos).
- **Actividades del mundo animal:** pesca, rutas a caballo, granja-escuelas, etc.

La segunda clasificación es según el uso que hacemos de la naturaleza, y se basa en la clasificación expuesta por Sánchez Igual (2005), quien diferencia entre actividades básicas en la naturaleza ( que implican desplazamientos y permanencias) y el resto de actividades que denomina complementarias.

- **Actividades fundamentales:** son actividades en el medio natural sin las cuales no se puede realizar ningún otro tipo de actividad en el medio ambiente. Son el senderismo o la marcha (para poder desplazarse en la naturaleza) y la acampada (para permanecer en la naturaleza).
- **Actividades complementarias:** son las actividades que se llevan a cabo cuando ya se está en el medio natural. Estas actividades son muy variadas y están en continua evolución según las nuevas tendencias de la sociedad. Se subdividen en:
  - **Actividades de conocimiento del medio:** itinerarios ambientales, recorridos por la naturaleza, sendas ecológicas, etc.
  - **Actividades utilitarias:** primeros auxilios, salvamento, socorrismo, seguridad en montaña, juegos de orientación, pistas y rastreos.

— **Actividades deportivas:** se puede distinguir entre deporte de aire libre (solo se practican en la naturaleza) y deporte en el aire libre (deportes adaptados para practicarlos en el medio natural). Son ejemplos del primer tipo el piragüismo y la vela, y del segundo el vóley playa.

— **Actividades de supervivencia:** son los llamados los deportes de aventura. Por ejemplo rafting, vías ferratas, tirolinas, excursiones, etc.

— **Actividades plásticas:** manualidades, pinturas.

Algunas de las actividades más habituales en el medio natural en las actividades de tiempo libre se describen a continuación:

- **Aulas de Naturaleza:** constan de unas infraestructuras ubicadas en el medio natural o rural en cuyas instalaciones se llevan a cabo actividades de educación ambiental o desde donde se organizan otras actividades por el entorno más inmediato. Los grupos participantes suelen permanecer en las instalaciones para realizar actividades que dan a conocer el entorno en el que se hallan (manualidades, murales, dinámicas, juegos de rol, talleres, etc.), y más tarde se desplazan por dicho entorno natural o rural.
- **Senderos ecológicos:** consiste en realizar un recorrido por un entorno natural, el cual previamente se ha preparado para conocer todo lo que vamos a encontrar a lo largo del mismo. Durante el recorrido se van realizando paradas programas de unos 5-10 minutos de duración en las que se explican elementos del entorno: fauna, flora y relación del hombre con el medio, y sobre todo para conocer los alrededores del lugar donde estemos. También se pueden incluir, en la ruta, paradas en poblaciones de la zona.
- **Talleres medioambientales:** son aquellos talleres de temática medioambiental, algunos ejemplos son: talleres de reconocimiento de la fauna y flora mediante huellas, rastros, texturas, formas...; elaboración de murales, juguetes y manualidades con elementos naturales (hojas, piedras, cortezas, flores), o bien con material de desecho y reciclable; etc.
- **Dinámicas medioambientales:** son dinámicas de grupo, dichas actividades tratan de enseñar o concienciar sobre un tema medioambiental mediante el juego. Además de esto, las dinámicas medioambientales nos dan una oportunidad inmejorable para explicar mediante ejemplos, cosa que para grupos de corta edad y grupos de participantes sin mucha relación con estos temas nos van a facilitar el trabajo.

**Actividad práctica:**

*Dinámica medioambiental "La mancha tóxica": su objetivo es comprender que ocurre en un ecosistema marino cuando se derrama petróleo en el mar. Consiste en delimitar un área para desarrollar la actividad, y cuando todos los integrantes del grupo están dentro, se nombra a uno de ellos como "mancha tóxica" y el resto serán peces. La mancha tóxica debe de tocar a los peces, los cuales al ser tocados se irán tomando de las manos. Progresivamente la mancha se va haciendo más grande, y los peces cada vez tienen menos espacio por donde moverse, hasta que al final desaparecen del ecosistema.*

Respecto a las **ventajas** de las actividades en el medio natural, podemos destacar que: se entiende las actividades en el medio natural como fuente de vida, de recreación, disfrute, el placer, las vacaciones, etc.; ayudan a crear un hábito de realizar actividad física y respirar aire puro; el medio natural posibilita espacios y entornos para gran diversidad de actividades de tiempo libre; y normalmente el uso y disfrute del medio natural no requiere ningún tipo de coste.

En cuanto a las **limitaciones** de las actividades en el medio natural, debemos tener en cuenta que **e**l medio natural puede ser una fuente de riesgos de accidente si no se toman las adecuadas medidas de prevención y seguridad; la climatología puede impedir o dificultar la actividad: viento, lluvia, nieve, etc.; y los desplazamientos desde el medio de los participantes en las actividades hasta el medio natural que requieren el uso de un medio de transporte suponen un coste económico.

### 4.2.1. Técnicas de descubrimiento/investigación del entorno

Los monitores/as de tiempo libre tienen que ayudar a niños/as y jóvenes a descubrir el medio natural, para ello organizarán visitas o acampadas que les permitan investigar y conocer este entorno.

El conocimiento del medio natural se puede realizar a partir de las siguientes técnicas de observación:

- **Observación directa y vivencial de la naturaleza:** a través de la realización de salidas a parques naturales, la montaña, a la playa, etc. En dichas salidas se van investigando las plantas, los animales (averiguando sus nombres, características morfológicas, su adaptación al medio...).
- **Observación indirecta:** mediantes fotografías, libros, vídeos, documentales, páginas web, y otros medios multimedia.

La primera técnica de interacción con el medio natural será el **descubrimiento o/y exploración** a través de la observación directa o indirecta que llevan a cabo niños/as y jóvenes.

Otra técnica es la **indagación o investigación**, que es un medio para interactuar con el entorno natural. Por ejemplo cuando la interacción con el medio despierta la curiosidad o el afán de investigación de niños/as y jóvenes, se empiezan a plantear pregustas e intentan resolverlas.

Y la técnica de la **experimentación**, que tiene un papel muy importante en el comprobación de hipótesis, debido a que los conocimientos adquiridos en la teoría pueden ser comprobados a través de la manipulación y las experiencia directa en el medio natural.

Los monitores/as de tiempo libre organizaremos salidas para fomentar en niños y jóvenes el amor a la naturaleza, su conocimiento, cuidado y conservación. En estas salidas podemos poner en práctica las técnicas anteriores. Aprovecharemos las salidas para observar la naturaleza en sus más variadas manifestaciones [plantas, aves, setas, insectos]. Además en cada salida realizaremos una preparación previa en el aula donde estudiaremos el ecosistema a visitar; prepararemos fichas para hacer registros de las observaciones, descubrimientos y experimentos; elaboraremos un mapa del itinerario a seguir; se enseña el manejo de instrumentos de orientación, etc. Una vez en la visita, desarrollaremos diversas actividades de interacción con el medio natural y completaremos las fichas correspondientes. Posteriormente a la visita se pueden elaborar dibujos, murales, redacciones, herbario, visionado de fotografías realizadas en la visita, etc.

**Actividad práctica:**

*Organizar una salida a un **itinerario** urbano de nuestra zona. Para lo que detallaremos todas las actividades que llevaríamos a cabo antes, durante y después de la visita, y donde además utilicemos las técnicas anteriormente expuestas [observación, investigación y experimentación]. Definir y confeccionar itinerarios manteniendo los criterios de seguridad establecidos.*

### 4.2.2. Técnicas de orientación

Son recursos de orientación como todos los elementos, técnicas e instrumentos que se utilizan para situarnos respecto a los puntos cardinales o respecto a un punto ya conocido. Básicamente, los podemos clasificar en artificiales [inventados y fabricados por el ser humano] y naturales.

| ARTIFICIALES | NATURALES |
| --- | --- |
| BRÚJULA | SOL |
| MAPA | ESTRELLAS |
| GPS | VEGETACIÓN |

- **La brújula**: es un instrumento que señala el norte magnético terrestre, y sirve para calcular un rumbo u orientar un plano. Es el principal recurso de orientación artificial. Se caracteriza por:
  - — Consta de una aguja imantada cuya parte coloreada (roja) nos señala el norte magnético, y líneas norte-sur pintadas en el interior de la esfera.
  - — La brújula se debe mantener totalmente horizontal para que funcione correctamente, además de mantenerla lejos de cualquier campo magnético que pueda alterar el funcionamiento.
  - — Una vez se tenga clara la dirección a seguir fijarse en una referencia lejana para ir hacia ella sin desviarnos.

- **El mapa**: es una representación gráfica y métrica del terreno sobre un papel, cuya finalidad es permitir la visualización de un sector de la superficie terrestre como si se contemplara desde una vista aérea. Si el mapa representa una zona muy pequeña a gran escala, se denomina plano, como por ejemplo el plano de una casa. Existen diversos tipos de mapas: topográficos, de orientación, geológicos, de carreteras, etc.

- El mapa de orientación es como un mapa topográfico que está caracterizado por contener en él detalles que existen en el terreno y que ayudarán a orientarse (modificaciones en el terreno como nuevos caminos, incendios, zonas repobladas, rocas con formas características, ríos, relieves característicos, etc.).

- **El GPS**: el sistema de posicionamiento global o GPS (Global Positioning System) es un sistema de posicionamiento terrestre que calcula la posición gracias a la información recibida desde satélites en órbita alrededor de la Tierra.

  - El GPS es muy útil en las actividades en el medio natural como receptor de datos que calculan nuestra posición exacta y una vez que le introducimos un mapa, nos dice en qué punto exacto del mapa estamos situados. También nos sirve para hacer un seguimiento de rutas y almacenamiento posterior del recorrido.

- **El sol**: sale por el este (aproximadamente a las 6 de la mañana) y se pone por el oeste (a las 6 de la tarde), pasando por el sur, lugar en el que se encuentra a las doce (hora solar). La sombra indica el punto cardinal opuesto, es decir, al oeste en la salida, al norte a medio día y al este en la puesta de sol.

- **Las estrellas**: Por la noche, si está despejado, podemos guiarnos por las estrellas. La estrella polar es la única que permanece fija en el cielo. En el hemisferio norte del planeta, la estrella polar indica siempre el norte. Para poder localizarla hemos de encontrar la osa mayor y desde las dos últimas estrellas posteriores del cuadro prolongamos la distancia que los separa cinco veces, en una línea imaginaria, hasta que encontremos la estrella polar (esta estrella es la última de la cola de la osa menor).

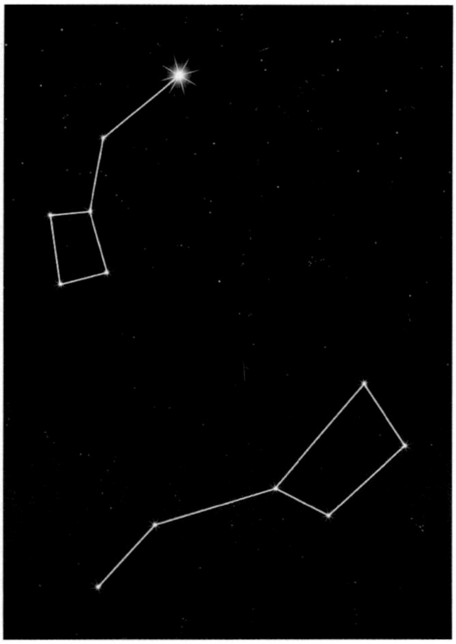

- **La vegetación**: existen indicios en la naturaleza, como es el caso de la vegetación, que pueden darnos pistas sobre la dirección que llevamos, aunque no son tan precisos.

  - Un árbol aislado, sus ramas más largas se dirigen al sur.

  - En la corteza de los árboles y en las rocas, el musgo es siempre más abundante en la vertiente norte.

Supuesto práctico:

*Organizar una marcha de orientación* con un grupo de adolescentes, *para lo que deberemos programar una serie de* ***actividades de orientación*** *que impliquen: el uso de los recursos vistos anteriormente (mapas, brújula, sistemas globales de posicionamiento (GPS), etc.), y la interpretación de la simbología de un mapa. Un ejemplo de actividad sería que el monitor señalase algún objeto en el mapa de orientación y los adolescentes tengan que encontrarlo, y registrar en una hoja de control determinada información sobre el objeto que encontraran.*

### 4.2.3. Sistemática para la organización y diseño de rutas y campamentos

Como monitores/as de tiempo libre somos los responsables de conocer las técnicas y recursos de excursionismo, y además de informar de ellos a los participantes en una excursión, con el objetivo de que vayan suficientemente preparados para las condiciones que se pueden dar en la naturaleza. Los participantes deben saber qué material deben llevar en la mochila, y qué materiales son innecesarios y solo sirven para incrementar el peso, ya que la mochila tendrán que cargarla durante todo el recorrido de la excursión.

Los principales recursos y materiales de excursionismo, así como sus consejos de uso los podemos resumir en:

- **Calzado**: no estrenar calzado para la actividad. Si se tienen botas de montaña mejor, en caso contrario un calzado fuerte pero a la vez transpirable y con la suela que se adhiera al suelo (con el dibujo de la suela bien marcado). Los zapatos deportivos no son los más apropiados, ya que son para hacer deporte unas horas y no tenerlos todo el día puestos.
- **Mochila:** el tamaño dependerá de si la excursión es de corta duración o de si requiere pernoctación. El tamaño no se recomienda que sea superior a los 45 o 50 litros, y que tenga la espalda acolchada. Normalmente en la mochila se llevará la comida del día, agua (cantimplora o botella de plástico de un litro, llena desde casa), ropa de abrigo o de repuesto, etc. Nunca llevar bolsas de mano o de correa para un solo hombro, ni cosas colgando que molesten.
- **Vestimenta:** según la época del año variará la vestimenta, siendo recomendable ir vestidos por capas.

— **Calor**: pantalón deportivo fino, camiseta, gorra y gafas de sol (en la mochila una sudadera).

— **Entretiempo**: pantalón deportivo, camiseta, jersey o forro polar, y chubasquero (impermeable o capa de agua que nos libre del agua en cualquier época del año). También es conveniente llevar calcetines y algunas otras prendas de repuesto.

— **Frío**: basta con sumarle a la ropa de entretiempo, guantes, gorro de lana y un anorak o chaquetón.

Dentro de los recursos de excursionismo, merece una explicación especial la **mochila**, ya que será de gran utilidad no solo para el excursionismo sino también para llevar a cabo las acampadas. Es muy importante colocar bien la mochila y repartir el peso adecuadamente para no sufrir accidentes (lesiones de espalda, rozaduras, etc.) y para un mejor aprovechamiento del espacio.

En la distribución de la carga en la mochila de un excursionista tendremos en cuenta dos factores principales: el peso y la utilidad. El material más pesado debe acercarse siempre a la espalda y situarse en la parte central de la mochila, sobre el hueco de la pelvis. Cuanto más alejado de la espalda esté el peso, mayor posibilidad que cualquier movimiento desequilibre el centro de gravedad de la persona. El material ligero por tanto se situará en la parte que no da a la espalda y en la parte alta. La utilidad determinará que lo que se vaya a utilizar primero o más a menudo se situará cerca de las aberturas de la mochila (bolsillos laterales o bolsillo superior), como por ejemplo el mapa, cámara de fotos, la bebida, el papel higiénico, etc.

Otros consejos que nos pueden ser de utilidad en las actividades de tiempo libre de excursionismo son:

- A la hora de comer, no comer demasiado, en caso contrario reanudar la marcha será muy costoso. Aprovechar las paradas para tomar alimento y beber.
- No olvidar llevar ropa de repuesto, sobre todo en época de lluvia, y meterla en bolsas para evitar que el contenido se moje.
- Llevar una bolsa para traer toda la basura que se genere, incluso las mondas de fruta y otros residuos biodegradables.
- Llevar un botiquín de primeros auxilios: repelente de insectos, crema solar, tiritas, pinzas, tijeras, vendas, antisépticos, y otros fármacos.

Linterna, botiquin de primeros auxilios, bastones de marcha, guantes, brújula, chubasquero, ropa de repuesto, son algunos de los materiales que podemos llevar en la mochila de excursión.

## 4.3. Rutas y campamentos: diseño, organización, recursos y materiales y medidas de seguridad

En sus inicios los objetivos de las colonias (es como se llamó por primera vez a los campamentos) eran proporcionar una experiencia de contacto con la naturaleza a niños/as y adolescentes de clases desfavorecidas que residían en concentraciones urbanas durante la revolución industrial, y padecían problemas de salud.

En la actualidad, cuando la mayoría de la población reside en grandes ciudades, es cada vez más necesario sentir el contacto directo con la naturaleza (montaña, campo, mar, etc.).

> La **acampada** es una actividad en la naturaleza que sirve para crear en niños/as y adolescentes unos ciertos valores de adaptación a la naturaleza, de seguridad, de cooperación y trabajo en equipo, capacidad de convivencia, etc.

El diseño y organización de los campamentos y rutas se realiza a través de actividades que permitan que los participantes alcancen los siguientes objetivos:

- Conocer y valorar la naturaleza aprendiendo a disfrutar de ella con respeto.
- Conocer técnicas básicas de primeros auxilios.
- Organizar y cuidar los recursos y materiales para la ruta o acampada.
- Conocer y respetar las normas de convivencia.
- Aprender el montaje de una tienda y la organización del campamento.

- Preparar comidas sencillas.
- Conocer e identificar las distintas señalizaciones para realizar una ruta marcada.
- Adquirir conocimientos y recursos necesarios para moverse en la naturaleza de forma segura y confiada.
- Aprender una forma saludable de hacer ejercicio a través de las rutas de senderismo y la acampada.
- Realizar actividades recreativas y juegos de acampada.

En cuanto a las **medidas de seguridad**, los campamentos y las excursiones en el medio natural implican siempre un riesgo de accidente o de aparición de condiciones meteorológicas adversas inesperadas (granizo, lluvias fuertes, etc.).

Los monitores/as de tiempo libre tendrán que realizar una correcta planificación de la actividad de acampada: materiales y equipamiento necesarios (por ejemplo facilitar a los participantes una lista con el material que deben llevar en la actividad), conocimiento de la ruta y zona de acampada (si es una zona acondicionada para la acampada o si se trata de una zona de montaña o bosque), posibles condiciones meteorológicas (llevar vestimenta y tiendas de campaña acordes al clima), etc. Además, cuanto más alejado esté el lugar de acampada de la zona habitada, tendremos que tomar mayores precauciones.

Algunas recomendaciones y medidas de seguridad y prevención a tener en cuenta en cualquier actividad con grupos en la naturaleza, ya sea una acampada o una actividad de aventura, son las siguientes:

- No acampar en lechos secos de ríos, zonas de rio o zonas bajas, que se puedan inundar si llueve. Además en las zonas bajas y húmedas suele haber más mosquitos.
- Asegurarse de que en las cercanías del lugar elegido para acampar no hay panales, hormigas o garrapatas (para este último caso evitaremos zonas de ganado).
- No acampar en caminos o senderos que puedan ser utilizados por otros excursionistas o gente de la zona. Ni cerca de zonas con tendidos eléctricos, ya que podría caer algún cable y ocasionar una situación de peligro. También evitaremos los árboles muy altos que puedan atraer rayos.
- Elegir un terreno firme para montar las tiendas, evitando zonas arenosas o de piedras que puedan dificultar el montaje. Por ejemplo se podría pro-

ducir un accidente cuando a causa de intentar clavar las piquetas en piedras, alguien se golpee con el martillo.

- Contar con los monitores/as y participantes adecuados, y preocuparse por sus condiciones, alimentación, temperatura e hidratación correcta. En la progresión del grupo a lo largo de la ruta senderista se irá al ritmo del menos experimentado.
- Llevar el material y equipamientos adecuados y en buenas condiciones. Por ejemplo las tiendas deberán ser adecuadas para las condiciones climatológicas, el agua y la comida suficiente, etc.
- Tener conocimientos básicos de socorrismo y saber actuar en caso de accidente. Además, llevar siempre un botiquín de primeros auxilios, así como la manta reflexiva (uno de los principales elementos de supervivencia).
- Dar a conocer la zona de acampada o la ruta que se va a seguir, para solicitar ayuda si fuera necesario, y que localicen antes el lugar.

### 4.3.1. Tipología y características de rutas y campamentos

> Una **ruta senderista** es una actividad de traslación de un lugar a otro con el fin de practicar ejercicio físico para mantenernos en forma, y el objetivo de conocer entornos naturales (próximos y lejanos) a nuestro lugar de residencia. Existen rutas de senderismo establecidas que buscan acercar a las personas al conocimiento del medio natural y de la zona (patrimonio, cultura, etc.), a través de una red de senderos.

La **tipología** de rutas senderistas la podemos realizar en función de la fase del día en la que se realice, clasificando las rutas en diurnas, nocturnas o mixtas. También podemos clasificarlas por la forma de realizarlas: pueden ser rutas lineales, en las que el recorrido tiene un punto de inicio y un punto final diferente; rutas circulares, que empiezan y finalizan en el mismo lugar; y rutas por etapas, en las que el recorrido desde el punto de origen al punto de destino se divide en varias fases, con puntos intermedios de paso. Otra clasificación es en función del medio empleado, el medio de transporte empleado mayoritariamente es a pie, pero también se pueden hacer rutas en bicicleta, a caballo, en piragua, etc., o también rutas que combinen vario medios.

> *La European Ramblers Association* (ERA) *estableció, en la* 1º Conferencia Europea en Marcaje de Senderos, *unas directrices para señalizar los diferentes tipos de senderos mediante un código de marcas diferente según el tipo de sendero y el país en el que se encuentre.*

Esta clasificación de la ERA establece tres **tipos de rutas senderistas** según la distancia del recorrido, que definen como GR (gran recorrido), PR (pequeño recorrido) y SL (sendero local).

- **Senderos de Gran Recorrido (GR)**: señalización de color blanco y rojo. Tienen más de 50 km y suelen necesitar para su recorrido dos o más días. Su rotulación son las letras mayúsculas GR y un número correspondiente a una serie nacional. Pueden cruzar regiones o países, teniendo un número europeo cuando conectan varias naciones.
- **Senderos de Pequeño Recorrido (PR)**: señalización de color blanco y amarillo. Más habituales, son aquellos que tienen entre 10 y 50 km y pueden ser realizados en una o dos jornadas. Se rotula con las letras mayúsculas PR seguidas de un código territorial o autonómico.
- **Senderos Locales (SL)**: señalización de color blanco y verde. Son sendero con menos de 10 km que se hacen en una jornada. Se rotula con las letras SL seguidas de un código territorial (bien puede ser autonómico, provincial, comarcal o municipal).

La **señalización** de los senderos tiene un significado en función disposición de las franjas de la señalización, y otro significado en función del color de la señalización.

La señalización de los senderos consiste en dos franjas de distinto **color**, siempre blanca la superior y de distintos colores la inferior. Dependiendo del color de la franja inferior, tendremos las siguientes clases de senderos: rojo para los GR, amarillo para los PR y verde para los SL.

Según la **disposición** de las franjas de señalización, tienen distintos significados para la orientación:

- Dos franjas en paralelo: dirección correcta, marca de continuidad.
- Dos franjas en cruz: dirección equivocada.
- Dos franjas juntas, pero formando ángulo: indican un cambio de la dirección a seguir.
- Dos franjas juntas en paralelo y debajo otra franja en blanco haciendo un ángulo recto: indica un cambio brusco de la dirección a seguir.

Las señales se pueden ubicar pintadas sobre los elementos aledaños al camino, como postes de madera, piedras o árboles (señalización horizontal), o sobre un soporte mueble dispuesto específicamente para señalizar (señalización vertical).

SEÑALIZACIÓN DE SENDEROS

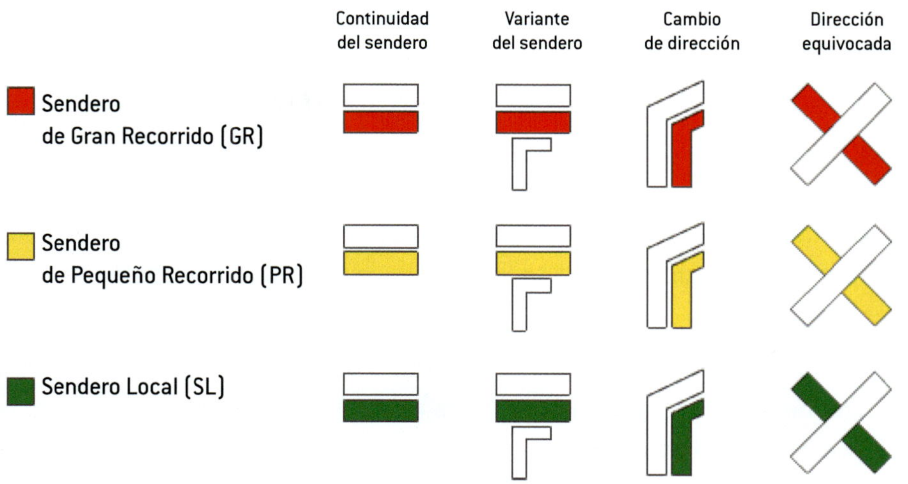


## Supuesto práctico:

*En un supuesto práctico investigamos sobre senderos de gran recorrido (GR) que existan en España, y sobre otros senderos de pequeño recorrido (PR) que existan en tu provincia o comunidad. De los senderos investigados elige un GR que sea adecuado para realizar una* ***ruta de senderismo*** *con un grupo de personas de 13 a 16 años, que tenga una duración de tres días. Expón de forma individual o en parejas, frente a todo el grupo de clase: el sendero de gran recorrido (GR) seleccionado, su ubicación y justifica el porqué; las técnicas, medios y herramientas que fomentan actitudes a favor de la naturaleza y el disfrute de la misma, y que serán utilizadas durante la ruta; y los objetivos que potencien actitudes a favor de la naturaleza.*

Un **campamento** es la acción de acampar, es decir, detenerse y permanecer en una zona despoblada mediante la pernoctación en carpas o tiendas. Es una **instalación temporal de personas en un espacio abierto**, con una finalidad especial (celebrar un campamento urbano, musical, deportivo, etc.) o bien que van de camino hacia otro lugar.

Como monitores/as de tiempo libre en los campamentos desarrollaremos actividades lúdicas muy variadas, como prácticas de deportes, visitas a parques naturales, manualidades, representaciones, conciertos, actividades en otras lenguas, gymkanas, etc.

Actualmente muchos campamentos se centran en un solo tipo de estas actividades, pudiendo realizarse la siguiente clasificación:

- **Campamentos de multiaventura**: el programa de actividades está dirigido a quienes quieren experimentar deportes de aventura, y en función del grupo de edad y la ubicación del campamento (playa, montaña, rio, etc.) puede incluir paintball, gymkanas, tirolina, tiro con arco, piragüismo, senderismo, orientación, esgrima, crossfit, rappel, etc.
- **Campamentos de naturaleza**: están ubicados en el medio natural y su programa de actividades relacionado con la naturaleza y la educación ambiental. Pueden incluir actividades de senderismo e interpretación de la naturaleza, de orientación, talleres de reciclaje, noche de acampada en vivac, etc.
- **Campamentos de deporte**: su programa de actividades está dirigido a quienes quieren realizar la práctica de algún deporte, o bien varios a la vez. Por ejemplo surf, piragüismo, pádel surf, snorkel, vóleibol, béisbol, rutas a caballo, rutas en bicicleta, canoas, escalada, barranquismo, espeleología, etc.
- **Campamentos de idiomas**: están encaminados a la mejora o aprendizaje de un idioma, suelen incluir algunas horas de clases diarias de inglés, y el resto del día se hacen actividades de refuerzo del idioma y lúdicas y deportivas. También pueden contar con monitores y participantes del país de la lengua a aprender.
- **Campamentos musicales**: su programa de actividades se basa fundamentalmente en el manejo de algún instrumento musical (bien para aprender a tocarlo o para quienes ya lo dominan). Se realizan por ejemplo talleres de creación musical en los que componen su propia música, o se dan conciertos.
- **Campamentos urbanos**: son aquellos que se llevan a cabo en las ciudades, y en ellos los participantes no pernoctan fuera de sus casas, sino que regresan a ellas cada día.

### 4.3.2. Técnicas de acampada: materiales, instalaciones, conservación, idoneidad, ubicaciones, etc.

Los materiales juegan un papel muy importante en el correcto desarrollo de las técnicas de acampada, por lo que tendremos que hacer una lista de los materiales así como del equipaje que vamos a llevar al campamento. Algunos de los **materiales** necesarios para poder llevar a cabo las técnicas de acampada son:

- Tienda de campaña.
- Clavos o piquetas, cuerdas y martillo.
- Esterilla aislante, o colchón inflable.
- Saco de dormir.
- Un toldo o lona para aislar las tiendas (poniéndolo debajo para aislar de la humedad, o encima de la tienda atada a los árboles para proporcionar sombra).
- Ropa y calzado apropiado.
- Útiles de aseo personal.
- Lámparas y/o linternas.
- Utensilios de cocina (bombona, hornillo o camping-gas, cerillas, abrelatas, sartén, olla, platos, cubiertos, jabón, estropajo, etc.).
- Alimentos.
- Brújula y mapas.
- Teléfono móvil con los números de emergencias más cercanas disponibles.
- Documentación personal: DNI y tarjeta sanitaria.
- Botiquín.

En cuanto a las **instalaciones** que utilicemos para pernoctar en el medio natural, podemos distinguir varios tipos en función de los medios con los que contamos para realizar la acampada:

- **Acampada en campamentos al aire libre:** consiste en la utilización de edificios como puedan ser refugios, cabañas, o campamentos ya existentes en el medio natural, para poder pernoctar. En este tipo de instalaciones puede haber edificios con diferentes servicios: aseos, duchas, barbacoas, comedores, instalaciones deportivas, piscina, etc.
- **Acampada ordinaria:** consiste en pernoctar en tiendas de campaña. El material que necesitamos es previamente preparado y transportado al lugar de la actividad (tiendas de campaña, camping gas, etc.). Este tipo de acampada se suele hacer en las denominadas zonas de acampada, en las cuales está permitido la estancia y la pernocta por un periodo de no más de siete días.
- **Acampada de fortuna o vivaqueo:** se utiliza solo el material que la naturaleza nos ofrece, pero sin modificarlo excesivamente. La tienda se sustituye por una construcción con ramas y hojas, refugios naturales (cuevas, bóvedas) una funda vivac, etc. Es imprescindible el empleo de buenos sacos de dormir.

Existe gran variedad de tiendas de campaña según las diferentes necesidades, las más comunes que podemos encontrar son:

- Tiendas canadienses: son resistentes y duraderas pero a la vez más pesadas.
- Tiendas de iglú: son muy comunes y parecen una semiesfera. Junto con las canadienses son las más usadas.
- Tiendas automáticas: tipo iglú pero solo es necesario liberar el seguro y se montan de forma automática.
- Tiendas estructurales: cuentan con varias habitaciones y algunas hasta con baño químico.
- Tiendas cuatro estaciones o isotérmicas: Son de alta montaña, y profesionales.

Otro aspecto a tener en cuenta en las técnicas de acampada es la **ubicación** de las tiendas. Algunas recomendaciones sobre dónde poner la tienda de campaña serían: montar la tienda en un lugar ligeramente inclinado, para en caso de lluvia que el agua no se estanque; buscar un terreno lo más seco posible, permeable, blando y/o con césped (para facilitar la tarea de fijar o quitar las piquetas); orientar la tienda de modo que la entrada esté de espaldas a la dirección del viento; no acampar en una zona privada sin pedir permiso; etc.

Existen diversos tipos de distribución de las tiendas en la zona de acampada: en L, en U, y en C.

En cuanto al **mantenimiento** de la tienda de campaña, mientras la tienda está montada procurar que ningún objeto en el interior se pegue a la pared haciendo que la tienda interior roce el sobretecho, ya que éste es impermeable solo si no roza con nada. También hay que revisar las piquetas, y que los vientos y sobretecho estén tensos. Al finalizar la acampada, en el desmontaje de la tienda tendremos que doblarla correctamente para que quepa en su bolsa de transporte; además procuraremos que la tienda este seca y limpia, en caso de que esté húmeda debemos airearla al llegar a casa antes de guardarla definitivamente.

En cualquier caso si vamos a acampar algunos días en espacios naturales, zonas de acampada o campamentos, debemos tener en cuenta una serie de **condiciones**: no arrancar o dañar flores y plantas; no cazar, pescar, molestar o dañar los animales; prohibido encender fuego en lugares que no estén autorizados para ello; está prohibido abandonar especies domésticas en la zona; prohibido arrojar basura, hay que llevar una bolsa para tirar los residuos (aunque sean orgánicos); procurar no hacer ruidos que alteren la tranquilidad del lugar; en parque naturales no caminar fuera de los senderos señalizados; etc.

### 4.3.3. Sistemática para la organización y diseño de rutas y campamentos

En la **organización y diseño de campamentos** los monitores/as de tiempo libre tendremos que tener en cuenta una serie de aspectos para que la acampada se desarrolle con éxito y se alcancen todos los objetivos de aprendizaje y diversión de los participantes.

Esta organización abarca la preparación del campamento, la realización del mismo y su evaluación posterior. Los principales aspectos en cada una de estas tres fases son:

- **Preparación del campamento:**
  - **Características de los participantes:** para planificar el campamento y las actividades tendremos que conocer la edad, el número, capacidades físicas y psicológicas (enfermedades, alergias, discapacidades, etc.), si los participantes pertenecen a un mismo centro educativos o son desconocidos entre sí, etc.
  - **Instalaciones en que se realiza la acampada:** tiendas de campaña (pueden ser de lona para acampadas continuadas o ser iglús o canadienses y tener que montarlas con los participantes); pabellones (donde resguardarse en caso de lluvia, cocina, comedor, botiquín, etc.); zona de limpieza (duchas, lavabos, lavado de ropa o utensilios de cocina); y letrinas que pueden ser de obra o portátiles.
  - **Listado del material** que los participantes deben llevar consigo a la acampada, lo ideal es que lo elabore el monitor/a junto a los participantes, así podrá explicar por ejemplo el tipo de prenda que tienen que llevar y como elegirla, los útiles de higiene corporal, el saco de dormir, los útiles de cocina, etc.
  - **Medio en el que se realiza la acampada:** es necesario que conozcamos las zonas de acampada y del lugar donde se realizarán las actividades (flora, fauna, lugares de interés, costumbres, historia, etc.). Así como los medios para trasladar al grupo de participantes (preferentemente en transporte público).

— **Tramitaciones de los seguros y permisos** necesarios para realizar la acampada.

— **Infraestructura de emergencia y medidas de seguridad y evacuación:** (las veremos con más detalle en apartados posteriores).

- **Realización del campamento:**

— Montaje y desmontaje de las instalaciones (tiendas de campaña, cocina, talleres, aseos, etc.).

— Programación de actividades a realizar: actividades de acogida, actividades de ocio y tiempo libre (senderismo, orientación, supervivencia, etc.), actividades de cierre o clausura del campamento.

— Tiempo y ritmo de las actividades.

— Organización de los horarios: comidas, aseo, descanso, etc.

- **Evaluación del campamento:**

Todos los aspectos que hemos visto anteriormente son susceptibles de evaluación. Desde el listado de materiales que tienen que llevar los participantes, hasta la programación de actividades del campamento. Se trata de verificar que aspectos son susceptibles de mejora, cuáles son las medidas necesarias para ello, y aplicar dichas medidas durante el propio desarrollo del campamento (si es posible) o en campamentos posteriores.

En el caso de la **organización y diseño de las rutas** debemos tener en cuenta una serie de pasos a seguir: cómo acceder a la zona de la ruta; qué características tiene la ruta (condiciones climáticas, dificultades en la ruta por la morfología de la zona, etc.); el conocimiento de la biodiversidad de la zona (especies en peligro de extinción, periodos de nidificación de aves, etc.); conocer los lugares de interés, historia, cultura, costumbres, etc.; tener conocimientos de la legislación específica de los parques nacionales, reservas naturales, etc.; elaborar un plan de protección de la ruta (vías de escape o alternativas en caso de emergencia – incendios, lluvias fuertes...–; tener conocimientos de primeros auxilios y un botiquín de emergencias; contar con medidas de orientación tales como mapa, brújula, técnicas de orientación en el medio natural; etc.

Además, diseñaremos un recorrido sobre el mapa de la zona que puede ajustarse a un pequeño recorrido (GR), un gran recorrido (GR) o un sendero local (SL). Sobre este recorrido estableceremos una serie de paradas y actividades a realizar, en las que los monitores/as proporcionaremos a los participantes conocimientos sobre el medio natural de la ruta en cuestión, así como los valores propios de respeto al medio ambiente y el disfrute de la naturaleza. Será recomendable que los monitores/as realicemos la ruta previamente, para que podamos cerciorarnos de su adecuación al grupo de participantes.

### 4.3.4. Utilización y mantenimiento del material individual y comunitario

El material individual que cada participante lleva a la acampada, se corresponderá con el listado que se ha realizado en la fase de preparación del campamento, e incluye los siguientes elementos:

- **Tienda, saco de dormir y mochila.**
- **Indumentaria:** ropa deportiva, interior, pijama, impermeable, bañador, gorra, etc.
- **Útiles de higiene corporal:** gel de baño, toalla, cepillo y pasta de dientes, peine.
- **Útiles de comida y bebida:** cubiertos, platos, vasos, cantimplora, servilletas, etc.
- **Elementos de protección:** protección solar, gafas de sol, repelente de mosquitos.
- **Documentación identificativa y sanitaria.**
- **Bolsas de plástico** para los desperdicios o para almacenar la ropa sucia.
- **Cámaras de fotos, móviles** (si están permitidos).

Las mochilas se deben elegir en función de su volumen, el material y el uso que se le va a dar.

**Supuesto práctico:**

*Supuesto práctico en el que vamos a organizar una* ***actividad al aire libre*** *de una duración mínima de tres días y tenemos que prever los medios y herramientas que vamos a necesitar para la realización de la misma, para ello realizaremos: en primer lugar, una sesión con todos los participantes en la ruta en la que describir el equipo básico personal y de grupo, justificando su utilidad e informando sobre sus condiciones de mantenimiento y cuidado, en esta sesión también daremos instrucciones sobre cómo ordenar ese material en la mochila. En segundo lugar, para que se realice de forma exitosa el montaje y desmontaje de las tiendas en la* ***acampada****, realizaremos un taller práctico sobre: cómo montar diferentes tipos de tiendas de campaña y distribuirlas según accidentes geográficos y climatología, y cómo desmontar las tiendas de campaña y utilizar los sistemas de mantenimiento.*

En cuanto al **material comunitario**, principalmente las tiendas de campaña, tendremos que tener en cuenta las siguientes recomendaciones para el mantenimiento de los materiales empleados en la acampada:

- Antes de montar la tienda, retirar las ramas y piedras para evitar dañar la lona con el roce.
- Durante el montaje conviene que los cierres de las puertas permanezcan cerrados para no tensar de más las distintas partes.
- Después del montaje el material que pueda sobrar hay que volver a guardarlo en la bolsa de transporte para evitar su pérdida o deterioro.
- Diariamente ajustar los vientos y revisar las piquetas para evitar que la carpa deforme su estructura, o se deteriore.
- Mantener cerradas las puertas (al menos, el mosquitero) para evitar la entrada de insectos, tierra, arena, etc.; el interior limpio y ordenado; y utilizar la tienda solo para descansar.
- Limpiar los utensilios de cocina después de cada uso y colocarlos siempre en el mismo sitio para tenerlos localizados.
- Para desarmar la tienda debe estar limpia y seca tanto por dentro como por fuera antes de guardarla en la bolsa de transponte, si se guarda húmeda se puede deteriorar.

También son materiales comunitarios todos aquellos materiales técnicos que se les va a ceder para la realización de las actividades (material deportivo, material de acampada, instalaciones, etc.). Además incluimos como material comunitario los alimentos, que deben ser poco perecederos (latas, bricks, etc.); los equipos para cocinar (hornillo, camping gas, sartén, olla, etc.); un botiquín comunitario para utilizar en caso de accidente; etc.

# Resumen

Los monitores/as de tiempo libre somos agentes de transmisión de los valores ambientales necesarios para preservar el medio ambiente, a través de los cambios sociales y culturales que transmitimos a los participantes en las actividades medioambientales de tiempo libre.

Niños/as y jóvenes descubrirán e investigarán en el medio natural y urbano disfrutando de itinerarios, centros de interpretación, rutas, acampadas, etc. Aprenderán técnicas de orientación para desenvolverse en el medio natural; técnicas de acampada para poder pernoctar y sobrevivir en la naturaleza; y técnicas de excursionismo, como conocer los diferentes tipos de senderos y simbología que se pueden encontrar en una ruta de senderismo.

Todo ello lo llevarán a cabo conociendo los materiales que van a necesitar (mochila, mapa de orientación, calzado, tienda de campaña, etc.), realizando un adecuado mantenimiento de estos recursos, y adoptando las necesarias medidas de seguridad que les permitan disfrutar de las actividades en el medio natural previniendo los posibles accidentes.

# Test de autoevaluación

4.1. Se consideran recursos educativos para la educación ambiental aquellos que apoyan las actividades de tiempo libre ambientales, tales como:

a) Escenarios pedagógicos organizados como son los itinerarios y vías verdes.

b) Espacios físicos como los laboratorios, ludotecas, museos, centros de interpretación, etc.

c) Recursos audiovisuales, recursos multimedia y recursos virtuales.

d) Todas las opciones son correctas.

4.2. Observación directa y vivencial de la naturaleza es:

a) Técnica en la que a través de salidas a parques naturales, la montaña o la playa se van investigando las plantas, los animales, etc.

b) Técnica en la que mediantes fotografías, documentales, y otros medios multimedia se investiga el medio natural.

c) Medio para interactuar en el medio natural y experimentar hipótesis para comprobar los conocimientos adquiridos en la teoría.

d) Ninguna de las opciones anteriores es correcta.

4.3. Son técnicas naturales de orientación:

a) La tierra, la vegetación y la lluvia.

b) El mapa, la vegetación y los senderos.

c) El sol, la estrella polar y el musgo.

d) El sol, la brújula y las estrellas.

4.4. Son consejos útiles en las actividades de tiempo libre de excursionismo:

a) Enseñar a los menores y adolescentes qué tipo de basura es biodegradable y se puede dejar en la naturaleza y qué residuos deben recoger en una bolsa.

b) Comer todo lo que podamos durante la excursión para que no nos falten las fuerzas para realizar la marcha en el tiempo previsto.

c) Llevar ropa de repuesto por si lloviese y meterla en bolsas para evitar que el contenido se moje.

d) Todas las opciones anteriores son correctas.

4.5. Son recomendaciones de uso de las tiendas de campaña:

a) Todos los días ajustar los vientos y revisar las piquetas para evitar deformaciones o deterioros en la estructura de la tienda.

b) Mantener cerradas las puertas mosquiteras para evitar la entrada de insectos, tierra, arena, etc.

c) Guardar la tienda limpia y seca en la bolsa de transponte si queremos evitar que se deteriore.

d) Todas las opciones anteriores son correctas.

# 5. Evaluación y prevención de riesgos en actividades medioambientales: seguridad y salubridad

**Palabras clave:** situaciones de riesgo, accidentes, normativa de seguridad e higiene, medidas de prevención, intervención sanitaria, protocolos de intervención, primeros auxilios, traslado de accidentados, botiquín, responsabilidad civil, responsabilidad penal, seguros.

# Introducción

En materia de prevención de riesgos en el ámbito de las actividades medioambientales no existe ninguna normativa que regule específicamente la prevención de riesgos laborales en las actividades de tiempo libre, sino que tenemos que seguir la normativa estatal que se aplica con carácter general sobre todas las actividades profesionales (Ley 31/1995, de 8 de noviembre, de prevención de riesgos laborales).

No existe normativa estatal que regule las actividades de tiempo libre, pero cada comunidad autónoma del estado español tiene sus propios decretos que regulan las actividades de tiempo libre, y en los que se especifican medidas en materia de prevención de riesgos.

Los trabajadores/as de tiempo libre deberán conocer y cumplir estas medidas autonómicas (correspondientes al lugar donde realicemos las actividades) y también las estatales, pero sin olvidar que la norma general del estado prevalece sobre la de las comunidades autónomas, por lo que existe una jerarquía normativa que es de mayor a menor rango: Constitución Española > Leyes > Decretos > Órdenes > Resoluciones.

Además los monitores/as de tiempo libre tenemos que cumplir todo tipo de normativa en las actividades organizadas con niños/as y jóvenes, en función del tipo de actividad, el lugar donde se realice, los recursos que se utilicen, etc. Por ejemplo si realizamos actividades junto al mar nos puede afectar la Ley de Costas, y si alquilamos una furgoneta nos afectará la Ley de Tráfico.

# Contenido

5.1. Sistemática para la detección de potenciales causas y situaciones de riesgo y accidentes en las actividades de tiempo libre.

5.2. Análisis y aplicación de la normativa de seguridad e higiene aplicable según los diferentes contextos: prevenir, evaluar y catalogar riesgos.

5.3. Aplicación de las medidas de prevención, seguridad y control según los diversos contextos, circunstancias, momentos, actividades y participantes.

5.4. Valoración de los elementos de la red de intervención sanitaria próxima y remota y del sistema de protección civil: identificación, localización, ámbitos de intervención, etc.

5.5. Protocolos de intervención, medidas sanitarias básicas, técnicas de primeros auxilios y traslado de accidentados en diferentes supuestos de accidentes y delimitar ámbitos de intervención.

5.6. Utilización y composición de un botiquín de urgencias

5.7. Responsabilidad civil y penal: conceptos y alcance

5.8. Gestión de seguros para actividades de tiempo libre infantil y juvenil.

5.9. Análisis y gestión de las fuentes de información sobre actividades de educación ambiental, campismo y excursionismo.

## 5.1. Sistemática para la detección de potenciales causas y situaciones de riesgo y accidentes en las actividades de tiempo libre

Previamente al desarrollo de la programación de actividades infantiles y juveniles de tiempo libre, los directores/as, coordinadores/as y/o monitor/a de tiempo libre realizarán una evaluación de riesgos de cada una de las actividades que componen la programación. Esta evaluación requiere la identificación de los riesgos y potenciales accidentes inherentes al desarrollo de las actividades, y una enumeración de las posteriores medidas preventivas que eliminen o minimicen el nivel de riesgo de las actividades.

> *La Orden FAM/951/2007, de 18 de mayo, por la que se aprueba un sistema de evaluación de riesgos en actividades juveniles de tiempo libre en Castilla y León, establece una metodología para la* ***evaluación de riesgos*** *en actividades juveniles de tiempo libre que es de gran utilidad para los monitores/as de tiempo libre.*

Los directores/as, coordinadores/as y/o monitores/as de tiempo libre, para **detectar las potenciales causas y situaciones de riesgo,** realizarán un estudio sistemático de cada actividad para el que tendrán en cuenta los siguientes aspectos:

- **Actividad a realizar:** existencia de focos de peligro, número y concentración de éstos, duración y frecuencia de la exposición al peligro por parte de los participantes, exigencia física, grado de dificultad, competitividad, etc.
- **Materiales a utilizar:** equipos, materiales y herramientas y utilizados, las instrucciones de fabricantes para el funcionamiento y mantenimiento de esos equipos, y las recomendaciones del etiquetado de los productos utilizados.
- **Lugar/es donde se realiza la actividad:** características que influyan en la seguridad como el desnivel, los obstáculos, la altura, la profundidad, etc.
- **Momento de la ejecución de la actividad:** si la actividad es diurna o si por el contrario es nocturna y con menor visibilidad.
- **Época del año y climatología prevista:** en determinadas estaciones los riesgos provocados por la meteorología son más frecuentes.

- **Características y perfil de los participantes**: su edad, enfermedades, discapacidades, alergias, etc.
- **Experiencia y formación en prevención de riesgos**: que han recibido el monitores/a y el coordinador/a de tiempo libre sobre la ejecución de la actividad.
- **Procedimientos escritos y protocolos de ejecución existentes de ese tipo de actividad.**

Los riesgos y accidentes más comunes que pueden sucederles a los monitores/as y participantes en las actividades de tiempo libre, especialmente en el medio natural, son los siguientes:

- **Riesgos naturales**:
  - **Meteorológicos**: lluvias intensas, vientos fuertes, granizo, olas de frío o de calor, etc.
  - **Inundaciones**: desbordamiento de ríos, rotura de presas.
  - **Movimientos del terreno:** terremotos, deslizamientos, desprendimientos, etc.
  - **Incendios forestales.**
- **Riesgos tecnológicos**:
  - **Accidentes en instalaciones**: durante la realización de juegos o desplazamientos a pie en las mismas instalaciones en que se realizan las actividades pueden producirse: tropiezos con una escalera, contusiones con un cajón abierto, quemaduras de fricción con una cuerda, golpes con balones, cortes con tijera, etc.
  - **Accidentes en transporte civil:** terrestre, marítimo, etc.
  - **Incendios** y explosiones en las instalaciones.
- **Otros riesgos**:
  - **Riesgos sanitarios:** intoxicaciones alimentarias, consumo de agua no potable, intoxicación con pegamento, etc.
  - **Riesgo por actividades deportivas:** tales como senderismo, alpinismo, barranquismo, escalada, etc., que pueden conllevar caídas, extravíos, etc.
  - **Riesgos con fauna y flora silvestre:** alergias, mordeduras, picaduras (de mosquitos, víboras, procesionaria.)

## 5.2. Análisis y aplicación de la normativa de seguridad e higiene aplicable según los diferentes contextos: prevenir, evaluar y catalogar riesgos

La normativa de seguridad e higiene que se aplica en las actividades de tiempo libre es la misma que se aplica en España a todas las profesiones, la Ley 31/1995, de 8 de noviembre de prevención de riesgos laborales del BOE nº 269, de 10 de noviembre.

> *La **Ley 31/1995, de 8 de noviembre de prevención de riesgos laborales** tiene por objeto la determinación de las garantías y responsabilidades necesarias para establecer un adecuado nivel de protección de la salud de los trabajadores frente a los riesgos derivados de las condiciones de trabajo.*

En esta ley se definen conceptos básicos que debemos conocer en materia de prevención de riesgos laborales:

- **Prevención:** es el conjunto de actividades o medidas adoptadas o previstas en todas las fases de actividad de la empresa con el fin de evitar o disminuir los riesgos derivados del trabajo.
- **Riesgo laboral**: es la posibilidad de que un trabajador/a sufra un determinado daño derivado del trabajo. Para calificar un riesgo desde el punto de vista de su gravedad, se valorarán conjuntamente la probabilidad de que se produzca el daño y la severidad del mismo.
- **Daños derivados del trabajo**: son las enfermedades, patologías o lesiones sufridas con motivo u ocasión del trabajo.

Para promover la seguridad y la salud de los trabajadores esta Ley establece los principios generales relativos a la prevención, eliminación y/o disminución de los riesgos derivados del trabajo. Y para el cumplimiento de dichos principios regula las actuaciones a desarrollar por las Administraciones públicas, los empresarios, los trabajadores y sus respectivas organizaciones representativas.

Esta ley en su artículo 15 establece las medidas de prevención que aplicará el **empresario/a** (incluido el propietario de la empresa de actividades de tiempo libre) de acuerdo a los siguientes principios generales:

- Evitar los riesgos.
- Evaluar los riesgos que no se puedan evitar.

- Combatir los riesgos en su origen.
- Adaptar el trabajo a la persona, en particular en lo que respecta a los puestos de trabajo, la elección de los equipos, y los métodos de trabajo y de producción.
- Tener en cuenta la evolución de la técnica.
- Sustituir lo peligroso por lo que entrañe poco o ningún peligro.
- Planificar la prevención, buscando un conjunto coherente que integre en ella la técnica, la organización del trabajo, las condiciones de trabajo, las relaciones sociales y la influencia de los factores ambientales en el trabajo.
- Adoptar medidas que antepongan la protección colectiva a la individual.
- Dar las debidas instrucciones a los trabajadores/as.

Esta ley también establece, en su artículo 29, las obligaciones de los **trabajadores/as** en materia de prevención de riesgos:

- Usar adecuadamente las máquinas, herramientas, sustancias peligrosas, equipos de transporte y, en general, cualesquiera otros medios con los que desarrollen su actividad.
- Utilizar correctamente los medios y equipos de protección facilitados por el empresario/a, de acuerdo con las instrucciones recibidas de éste.
- No poner fuera de funcionamiento y utilizar correctamente los dispositivos de seguridad existentes o que se instalen en los medios relacionados con su actividad o en los lugares de trabajo.
- Informar de inmediato acerca de cualquier situación que, a su juicio, entrañe, por motivos razonables, un riesgo para la seguridad y la salud de los trabajadores/as.
- Contribuir al cumplimiento de las obligaciones establecidas por la autoridad competente con el fin de proteger la seguridad y la salud de los trabajadores/as en el trabajo.
- Cooperar con el empresario/a para que este pueda garantizar unas condiciones de trabajo que sean seguras y no entrañen riesgos para la seguridad y la salud de los trabajadores/as.

Por último las Administraciones públicas competentes en materia laboral desarrollarán funciones de asesoramiento técnico y promoción de la prevención, y serán las encargadas de vigilar y controlar que se cumpla la normativa vigente, y de sancionar en el caso de incumplimiento de dicha normativa.

Una vez que ya hemos estudiado cada una de las actividades que vamos a llevar a cabo en la programación de actividades de tiempo libre, y conocemos la normativa de seguridad e higiene aplicable, debemos **catalogar los riesgos**. Para realizar esta catalogación, determinaremos los posibles focos de peligro de cada actividad y valoraremos la probabilidad de que ocurra el daño y la gravedad del mismo.

La probabilidad de que ocurra el daño se graduará, atendiendo a los siguientes parámetros:

- Probabilidad alta: el daño ocurrirá siempre o casi siempre.
- Probabilidad media: el daño ocurrirá en algunas ocasiones.
- Probabilidad baja: el daño ocurrirá raras veces.

La gravedad de un daño viene definida por las consecuencias que ese daño tenga para la salud, las partes del cuerpo que se verán afectadas, el número de personas afectadas, los datos estadísticos de accidentes en actividades de tiempo libre y las consecuencias económicas o patrimoniales de la producción del daño. Así la gravedad del daño se puede clasificar en:

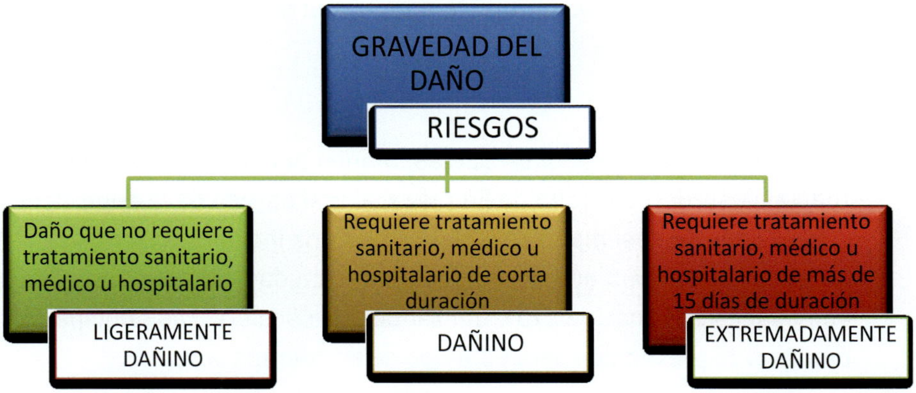


## 5.3. Aplicación de las medidas de prevención, seguridad y control según los diversos contextos, circunstancias, momentos, actividades y participantes

Las medidas de prevención seguridad y control son fundamentales en las actividades de tiempo libre para reducir al mínimo los riesgos cuando trabajamos con jóvenes y menores.

Los trabajadores/as de tiempo libre tenemos que conocer la legislación vigente en actividades de tiempo libre, disponer de recursos humanos y materiales necesarios para implementar las medidas preventivas, conocer el perfil de los participantes en las actividades, planificar las actividades teniendo en cuenta los aspectos anteriores, y realizar las actividades de tiempo libre adoptando las medidas de seguridad necesarias.

Para aplicar las medidas de prevención, seguridad y control en las actividades de tiempo libre debemos tener en cuenta las causas de exposición a factores de riesgos y las **medidas preventivas** a aplicar. Estas medidas son aplicables a los puestos de director/a, coordinador/a y monitor/a de tiempo libre (ya sea en actividades paracurriculares —aula matinal, comedor—, como en campamentos, granja-escuelas, ludotecas, etc.), y también a todos los grupos infantiles y juveniles participantes en las actividades de tiempo libre.

A continuación se expone una clasificación de los riesgos y medidas de prevención asociadas en diversos contextos, momentos y actividades:

### 5.3.1. Las condiciones de seguridad

Las caídas, los golpes y contusiones así como los sobresfuerzos son algunas de las causas más frecuentes de accidentes debidas a las condiciones de seguridad.

- **Caídas**

  Con frecuencia de producen caídas al nivel del suelo, debido sobre todo al desorden y la falta de limpieza, al mal estado de la superficie sobre la que se desempeña la actividad o a una incorrecta disposición del mobiliario. También pueden producirse caídas a distinto nivel en actividades en la naturaleza o utilizando una escalera. Las principales medidas de prevención para este tipo de accidentes son:

  — Mantener el suelo de los pasillos y zonas de paso limpio y libre de cualquier obstáculo (juguetes, mochilas, pelotas, cajas, etc.). Para ello utilizaremos armarios o estanterías para guardar el material e implicaremos a los participantes.

  — Instalar canaletas para los cables de los aparatos eléctricos, en lugar de que estén en el suelo o zonas de paso.

  — Avisar al responsable de limpieza y mantenimiento si hay irregularidades en el suelo o está resbaladizo.

— Poner especial cuidado en las escaleras con los menores. Si existen pequeños desniveles o escalones en los pasillos, instalar rampas.

— Si estamos en la naturaleza, no andaremos por zonas fuera de la ruta establecida, y evitaremos o nos mantendremos a distancia de lugares que puedan provocar caídas (pozos, zanjas, acantilados, etc.).

— Utilizar, tanto monitores/as como participantes en las actividades, ropa y calzado adecuados al tipo de actividad que se realice (juegos deportivos, ruta senderista, etc.). Por ejemplo no usar chanchas para jugar al baloncesto.

— Iluminar adecuadamente los talleres, pistas deportivas, pasillos, zonas de paso, salas de juego, etc. En el caso de rutas senderistas nocturnas cuidaremos que cada participante lleve una luz frontal que evite caídas por tropiezos con elementos de la naturaleza (piedras, arbustos, etc.).

- **Contusiones, golpes y cortes**

  Se originan fundamentalmente por la falta de orden y planificación de las áreas o zonas de actividad, y podemos adoptar las siguientes medidas preventivas:

  — Eliminar objetos innecesarios, colocar las cosas en el lugar que les corresponde, y mantener despejados los lugares de paso.

  — Sujetar las estanterías o archivadores a la pared y no sobrecargar las estanterías o cajones superiores para evitar su vuelco.

  — Mantener los cajones cerrados.

  — Señalizar las puertas de cristal.

  — Poner especial cuidado en el manejo y conservación de herramientas que puedan producir cortes (tijeras, cúter, etc.).

  — En actividades en el medio natural, no utilizar calzado o prendas inadecuadas, como chanchas o pantalones cortos ya que los participantes en la actividad podrían hacerse cortes o arañazos con ramas, piedras, etc.

- **Ahogamientos, asfixia o atragantamientos**

  En la asfixia, se ve afectada la respiración pulmonar por una falta de oxígeno en el aire o por la imposibilidad de que éste llegue a los pulmones. En el ahogamiento, la obstrucción de las vías aéreas superiores es causada por líquidos. Para evitar este tipo de accidentes tomaremos medidas como:

— Bañarse en aguas habilitadas para el baño y siempre con vigilancia. Está prohibido el baño en zonas reservadas para deportes acuáticos.

— En las actividades acuáticas (piscinas, playa, ríos, embalses) que los niños/as estén en zonas que hagan pie e utilizar flotadores de salvamento.

— No tirarse de cabeza en lugares de fondo desconocido, ni entrar al agua de forma brusca.

— Adecuar los juguetes a la edad de sus destinatarios, evitando que puedan introducirse por nariz y boca objetos pequeños (ojos de peluches, botones, etc.).

— No hacer deporte, correr, etc. mascando chicles, o comiendo caramelos. No utilización de bolsas de plástico como capuchas o máscaras en juegos.

- **Riesgos eléctricos**

  A pesar de que los aparatos e instalaciones eléctricas (ordenadores portátiles, retroproyectores, equipos de sonido, ventiladores, etc.) tienen sus propias medidas de seguridad, es importante que tengamos en cuenta algunas medidas preventivas generales que eviten los riesgos eléctricos más frecuentes:

— Comprobar, antes de utilizar un equipo electrónico, que se encuentra en buen estado el equipo así como el enchufe al que se va a conectar y los alargadores. Para desconectar el equipo tirar de la clavija, nunca del cable.

— No alterar los dispositivos de seguridad del equipo ni manejar el equipo con dispositivos diferentes a los previstos por el fabricante.

— No intentar reparar los equipos ni manipular las instalaciones eléctricas, si no tenemos la formación y autorización necesarias. En caso de avería, desconectar el equipo de la corriente y avisar a mantenimiento.

— No utilizar ningún equipo ni instalación eléctrica cuando esté mojada, ni estando nosotros/as mojados/as, o en presencia de agua y humedad.

- **Incendios**

  Otro de los riesgos a los que es necesario prestar mayor atención es el de incendio, que puede originarse por utensilios de fumadores, labores agrícolas de quema, chipas con herramientas o maquinaria, origen eléctrico, etc. Algunas medidas a tener en cuenta son:

— Mantener despejado el acceso a los medios de extinción de incendios (extintores, mangueras, alarmas, etc.).

— Comprobar que los aparatos eléctricos no se calienten excesivamente.

— No saturar las conexiones eléctricas enchufando demasiados aparatos en una misma toma de corriente.

— Cumplir las instrucciones del plan de emergencia y evacuación.

### 5.3.2. Medio ambiente

- Agentes Físicos

  En el medio ambiente físico la iluminación, el ruido y las condiciones termohigrométicas son factores que los monitores/as tendremos que regular como medida de prevención de riesgos.

- Iluminación

  Utilizaremos la iluminación natural siempre que sea posible, para lo que las ventanas se situarán en los laterales de las mesas o lugares de trabajo de los monitores/as y participantes para evitar deslumbramientos y reflejos.

  En caso de tener que utilizar luz artificial, su intensidad dependerá de la actividad que se vaya a desarrollar. Así en un aula o taller donde la persona tiene que ver correctamente el objeto con el que trabaja (manualidades, juegos de construcción, taller de escritura, etc.), el nivel de iluminación adecuado será de 700 a 1000 lux (un lux es la unidad que mide la luminancia o flujo luminoso que es recibido por una superficie).

- Ruido

  El ruido es aquella sensación sonora que puede lesionar el órgano auditivo o producir trastornos fisiológicos. El nivel de ruido en los lugares donde se realizan actividades de tiempo libre no representan riesgos de sordera. Pero es recomendable cuidar la acústica de las aulas, talleres o espacios cerrados donde se desarrollan estas actividades para evitar reverberaciones y una acústica deficiente que dificulte la concentración y comunicación de monitores/as y participantes en las actividades de tiempo libre.

- Condiciones termohigrométricas

  Son las condiciones de temperatura, humedad y ventilación del ambiente en las que realizamos las actividades de tiempo libre, y que mal reguladas, pueden dar lugar a un riesgo térmico.

Se produce un riesgo térmico cuando la temperatura interna del cuerpo aumenta o disminuye 1 grado centígrado (+/- 10) respecto a la temperatura media del cuerpo (37 °C), provocando un estado de malestar físico debido a una exposición excesiva al frío o al calor.

— Los monitores /as debemos procurar confort térmico (depende del calor producido por el cuerpo y de los intercambios entre este y el medio ambiente), para lo que cuidaremos de diferentes variables: temperatura y humedad del aire, temperatura de paredes y objetos, la actividad física y la clase de vestido.

— En las rutas senderistas o marchas se adecuará la intensidad de la actividad a las características de los participantes (edad, estado físico, discapacidad, etc.) y siempre habrá un monitor con aquel que vaya más lento.

— En ambientes fríos, por ejemplo en actividades al aire libre en época invernal, lo ideal es cubrir la mayor parte de piel posible con guantes, gorros y cuellos, y tener ropa seca de repuesto por si se moja la que llevamos.

— En épocas de calor prevenir las insolaciones y golpes de calor, con el uso de la gorra y gafas de sol, la hidratación frecuente, y evitando las zonas de sol y las horas centrales del día.

- **Agentes químicos**

  En los talleres donde se realizan manualidades existe el riesgo de exposición a sustancias nocivas o tóxicas, o a agentes químicos por ingestión o inhalación (disolventes, pegamentos, pinturas, etc.). Para evitar estos riesgos:

  — Utilizar sustancias en buen estado (comprobar fechas de caducidad) y cuidar de su conservación.

  — Disponer de información sobre las características de peligrosidad de las sustancias y cómo trabajar con ellas de manera segura.

  — Ventilar el taller de forma regular con ventilación natural (ventanas) o a través del uso de ventiladores o extractores.

  — No acumular materiales en las superficies de trabajo, que puedan derramarse accidentalmente.

- **Agentes biológicos**

  Para prevenir infecciones contagiosas causadas por virus, bacterias y otros agentes biológicos (como infección de garganta, neumonía, etc.) debemos poner en marcha las siguientes medidas preventivas:

— Lavarse bien las manos con agua y jabón, y hacerlo con frecuencia.

— Pedir a los padres y madres que sus hijos/as se queden en casa y reciban el tratamiento adecuado cuando estén enfermos.

— Enseñar a los niños/as a estornudar en la manga de la camisa o jersey en lugar de en las manos.

— No compartir utensilios, alimentos, bebidas, servilletas o toallas con un niño/a que ya está enfermo.

— En actividades en el medio natural, no beber nunca agua en pozos, ríos o lugares en los que no indique que el agua sea potable.

### 5.3.3. La carga de trabajo

La carga de trabajo es el conjunto de esfuerzos físicos (carga física) y psíquicos (carga mental) a los que se ve sometida una persona durante su jornada laboral. La sobrecarga de trabajo por tanto es un riesgo que afecta a los trabajadores/a de tiempo libre pero no a los participantes en las actividades.

**Carga física**

- **Problemas con la voz**

  Uno de los principales riesgo que sufren los monitores/as de tiempo libre son los problemas en su aparato fonador, debidos al uso continuado de la voz (afonías, nódulos en las cuerdas vocales, etc.). Para la prevención de los problemas algunas medidas son:

  — No forzar la intensidad de la voz, aunque estemos en ambientes con mucho ruido no hablar más fuerte.

  — Respirar correctamente, utilizando alguna técnica de respiración.

  — No fumar, ni exponerse a factores que irriten las cuerdas vocales como el alcohol, cambios bruscos de temperatura, etc.

- **Problemas musculoesqueléticos**

  Los principales factores de riesgo ergonómicos y trastornos musculoesqueléticos en los trabajadores/as del sector de actividades de tiempo libre se deben a las posturas que adoptan y mantienen durante un prolongado espacio de tiempo, como estar de pie sin andar apenas, o estar en cuclillas en el trabajo con niños/as. Algunas medidas de prevención son:

  — Cambiar de posición con frecuencia para evitar la fatiga, por ejemplo si estamos sentados haciendo talleres manuales nos levantaremos a menudo, y si estamos de pie haciendo globoflexia procuraremos andar o sentarnos de vez en cuando.

— Si tenemos que permanecer de pie durante un largo periodo de tiempo, debemos mantener un pie en alto apoyándolo sobre un reposapiés e ir alternando un pie tras otro, y así reducir la tensión muscular.

— Mantener el cuerpo erguido para evitar deformaciones en la columna.

— En el manejo manual de cargas (materiales para los talleres, etc.) se procurará manipular las cargas cerca del tronco, con la espalda derecha, evitando giros e inclinaciones, y con un peso máximo de 25 kilos o de 15 para mujeres jóvenes o mayores.

**Carga mental**

- Estrés

El estrés es una respuesta de carácter fisiológico, ante un agente estresor bien sea externo o interno, que hace que la persona que lo sufre viva una situación que le supera y que no puede controlar. Los trabajadores/as de tiempo libre pueden estresarse por la excesiva ratio entre monitor/a y participantes, por un exceso de responsabilidad, escasez de medios, inestabilidad laboral, etc.

Pero también los niños/as y jóvenes que asisten a las actividades de tiempo libre pueden estar estresados, actualmente muchos menores están sobrecargados de actividades extraescolares y padecen problemas de estrés y ansiedad. Algunas medidas preventivas del estrés son:

— Realizar actividades extra laborales (leer, pasear, ir al cine, practicar algún deporte, etc.) que nos ayuden a desconectar del trabajo, en el caso de los monitores/as. En el caso de los niños/as, que participen de forma equilibrada en las actividades extracurriculares.

— Intensificar las relaciones personales, familiares y sociales.

— Solicitar ayuda de un profesional en el caso de tener dudas de que se necesite.

— Cuidar la existencia de un buen ambiente de trabajo y trabajar en equipo, para el caso de los monitores/as. Y cuidar las relaciones interpersonales entre los participantes en las actividades de tiempo libre.

— Utilizar técnicas de afrontamiento del estrés, de resolución de conflictos, de autocontrol, etc.

**Supuesto práctico:**

*En la organización de una actividad de tiempo libre en la naturaleza, escoger un tipo de actividad: ruta senderista de un día, acampada de 3 días en tiendas de campaña, estancia de una semana en un campamento en cabañas, etc. Formular las* ***medidas de prevención de riesgos*** *a la hora de organizar y desarrollar las actividades atendiendo a las características del lugar de desarrollo y la actividad escogida. Exponer en equipos ei trabajo realizado ante el resto de los compañeros/as del grupo de clase.*

## 5.4. Valoración de los elementos de la red de intervención sanitaria próxima y remota y del sistema de protección civil: identificación, localización, ámbitos de intervención, etc.

Es obligación de los trabajadores/as de las actividades de tiempo libre velar para que las actividades se desarrollen con las necesarias condiciones de seguridad y de higiene, para que se garantice la integridad física de los participantes y el respeto del medio natural. Pero a pesar de ello puede ocurrir algún accidente, por lo que debemos conocer la red de intervención sanitaria y el sistema de protección civil, así como cuál es el protocolo de intervención a seguir en caso de accidente, y cuáles son las técnicas de primeros auxilios que se deben aplicar a cada tipo de accidente.

Para garantizar la seguridad de todos los participantes en las actividades de tiempo libre, especialmente las actividades medioambientales, es necesario identificar y localizar los servicios sanitarios y de protección civil que estén en la zona en la que se realiza la actividad (acampada, campamento, ruta senderista, visita, etc.).

Las comunidades autónomas dirigen y coordinan los servicios de **protección civil** en el ámbito de su comunidad. Los municipios con una población superior a 20.000 habitantes tienen su propio servicio de protección civil. Del mismo modo dependiendo de la ubicación donde nos encontremos realizando las actividades de tiempo libre, nos corresponderá un servicio de urgencias o centro sanitario de referencia.

Por tanto los trabajadores/as de tiempo libre, cada vez que lleguemos a una empresa o lugar de trabajo nuevo, tendremos que saber la ubicación y teléfonos de contacto del servicio de protección civil de nuestro municipio, o en su caso del más cercano al lugar donde estamos trabajando, así como de los centros sanitarios que nos corresponden.

En las **llamadas de emergencia** al servicio de protección civil o centro sanitario se ha de indicar los siguientes datos:

- Nombre del campamento, zona de acampada, etc., y nuestro nombre.
- Descripción del accidente sucedido.
- Localización y accesos de nuestra ubicación.
- Número de víctimas.
- Descripción de las medidas de primeros auxilios que se están adoptando.
- Decir que de ayuda que se necesita: sanitaria, bomberos, policía, etc.

Puede ocurrir que en una situación de emergencia tras un accidente nos quedemos bloqueados por los nervios y no consigamos recordar el número de emergencias sanitarias, por ello es conveniente siempre tener apuntados una lista de teléfonos de emergencias en el móvil o en una tarjeta, para así no perder tiempo.

## 5.5. Protocolos de intervención, medidas sanitarias básicas, técnicas de primeros auxilios y traslado de accidentados en diferentes supuestos de accidentes y delimitar ámbitos de intervención

Los trabajadores/as de tiempo libre debemos conocer los protocolos de intervención en caso de emergencia y las técnicas de primeros auxilios por si tenemos que hacer frente a un accidente mientras que desempeñamos nuestro trabajo. Por tanto es necesario, no solo que conozcamos la red sanitaria y los sistemas de protección civil, sino que tendremos que tener formación en primeros auxilios y protocolos de intervención.

*Los **primeros auxilios** son los procedimientos y técnicas de carácter inmediato que se le dan a las personas que han sido víctimas de un **accidente** en el lugar de los acontecimientos, hasta que llegue la asistencia médica o antes de ser trasladado a un centro sanitario.*

### 5.5.1. Protocolos de intervención y medidas sanitarias básicas

Tras producirse una accidente, la rápida intervención de los monitores/as de tiempo libre puede salvar la vida de la persona o evitar que empeoren sus lesiones. Para llevar a cabo esta intervención tendremos que activar el **protocolo de emergencia (PAS)**, cuyas siglas nos permiten recordar qué hacer. Este protocolo está formado por las iniciales de las tres actuaciones necesarias para empezar a atender a la persona accidentada:

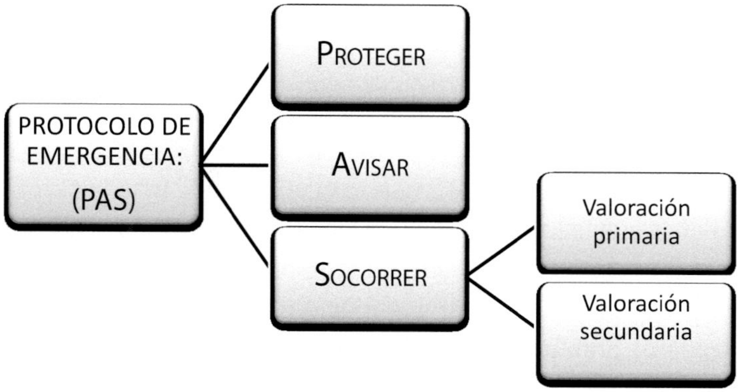


1º <u>Proteger</u>: en primer lugar, al accidentado y a uno mismo de cualquier peligro, ubicándonos en una zona segura fuera de peligro. La primera actuación es evaluar el entorno y tomar las medidas oportunas para que no se produzcan más accidentes. Por ejemplo en el caso de una tropello de un participante al cruzar la calle, señalizaremos el accidente para no sufrir nuevos atropellos por parte de otros coches y apartaremos al resto del grupo de la calzada.

2º <u>Avisar</u>: el segundo paso, es alertarlo antes posible a los servicios de emergencia necesarios para solucionar en incidente (ambulancias, bomberos, policía, etc.), por ejemplo llamando al 112 o a un centro sanitario, y explicar a estos servicios qué ha pasado, dónde, cuántas personas hay afectadas, qué síntomas presentan, y si existen circunstancias que puedan agravar la situación (riesgo de explosión, derrumbe, incendio, etc.).

3º <u>Socorrer</u>: en tercer lugar, mientras que esperamos a que llegue la atención especializada, comenzar a atender al herido mediante una valoración inicial, comprobando sus constantes vitales, y realizando las primeras actuaciones:

- **Valoración primaria**: comprobar la consciencia del herido, su respiración y pulso.
  - **Consciencia**: es el primer signo vital que se debe comprobar, valorando si responde a estímulos verbales (hacer preguntas) o dolorosos (pellizcar a la persona en el hombro), si no responde podemos declarar que esta inconsciente.
  - **Respiración**: si la víctima esta inconsciente comprobar respira y mantiene el flujo de entrada y salida de aire, acercándonos a la boca y nariz, y mirando hacia el pecho para observar el movimiento torácico o abdominal, y escuchar y/o notar el aire inhalado y exhalado. Si la víctima respira, y no es traumática, debemos colocarla en la **posición lateral de seguridad** (si su accidente ha sido traumático, NO debe moverse

bajo ningún concepto). Si la víctima no respira comprobaremos si tiene obstruida la vía aérea y la desobstruiremos, y si sigue sin respirar iniciaremos la maniobra del boca a boca o **respiración artificial**.

— **Pulso:** si la víctima respira o vuelve a respirar, el siguiente paso es controlar el ritmo cardíaco tomando el pulso en la arteria carótida situada en el cuello (al hacerlo no utilizar el dedo pulgar o lo que notaremos será nuestro propio pulso). Cuando notamos que no existe pulso es muy probable que se haya producido una parada cardíaca, por lo que debemos practicar el **masaje cardíaco externo,** además de la respiración artificial.

La Posición Lateral de Seguridad (P.L.S) sirve para prevenir las posibles consecuencias de un vómito.

- **Valoración secundaria:** explorar el resto del cuerpo para encontrar posibles lesiones (hemorragias, heridas, fracturas, deformaciones, etc.), podemos seguir el siguiente orden: cabeza y cuello, tórax y abdomen, y extremidades.

**Supuesto práctico:**

*En un supuesto práctico de actividad en el medio natural y urbano, describir los recursos de la red de salud, protección civil y seguridad a identificar anticipadamente. Además, en una situación de accidente determinada, como por ejemplo un atropello, reproduce mediante un role-playing la conversación telefónica que tendría el monitor/a con la persona de los servicios sanitarios.*

### 5.5.2. Técnicas de primeros auxilios y traslado de accidentados

Decíamos que los primeros auxilios son aquellas medidas y actuaciones que llevamos a cabo con la persona accidentada en el mismo lugar del accidente hasta que llega el personal sanitario. Estas técnicas y actuaciones están encaminadas a conservar la vida de la víctima, evitarle complicaciones físicas y psicológicas, y asegurar el traslado del accidentado a un centro sanitario.

Algunas reglas básicas de los primeros auxilios, que los monitores/as de tiempo libre debemos tener en cuenta en cuanto a qué hacer y qué actitud debemos mantener ante los accidentes, son:

1. No perder la calma para poder actuar correctamente y evitar errores.
2. Avisar inmediatamente al personal sanitario para que el accidentado reciba lo más pronto posible trabamiento.
3. Tranquilizar a la víctima (y a sus familiares) y trasmitir seguridad, ya que, sobre todo si son menores, suelen estar asustados y necesitan a alguien en quien confiar. Son los llamados primeros auxilios emocionales.
4. Evitar aglomeraciones, alejando a los curiosos.
5. No mover nunca a la persona accidentada ni tocarle el cuello, pues podríamos empeorar las lesiones (a menos que corra peligro mortal).
6. Examinar la víctima, efectuando una valoración primaria, para evitar la pérdida de la vida de forma inmediata. Después se realizará la evaluación secundaria, controlando aquellas lesiones que pueden esperar la llegada de los servicios profesionales, y aplicando primeros auxilios a aquellas lesiones que no puedan esperar.
7. Hacer solo lo que estemos preparados para hacer, si no estamos seguros/as es mejor no hacerlo. Una actuación errónea podría empeorar la situación de la víctima.
8. Tapar a la víctima para mantenerla a la temperatura normal, ya que tanto la pérdida de sangre como los mecanismos de autodefensa del cuerpo, cuando se sufre un accidente, suponen una pérdida de calor corporal.
9. No medicar a la víctima, ni dar de beber a una persona inconsciente, ya que podría ahogarse.
10. Nunca dejar solo/a a una persona accidentada, siempre debe permanecer alguien a su lado.

En la aplicación del protocolo de emergencia PAS, en el tercer paso consistente en "Socorrer", durante la valoración primaria de la consciencia, respiración y pulso, en algunas ocasiones será necesario poner en práctica, como parte de los primeros auxilios, **técnicas de soporte vital básico** consistentes en:

- **Posición lateral de seguridad:** o posición de seguridad básica es la postura corporal en la que tenemos que colocar a la víctima cuando está inconsciente pero respira. Consiste en colocar a la víctima tumbada con la cabeza hacia un lado para evitar el ahogamiento con su propia lengua, vómitos, etc.
- **Respiración artificial:** consiste en insuflar aire a la víctima boca a boca (o boca nariz si tiene lesiones en la boca o sufre intoxicación). Tapando la nariz, realizando una insuflación boca a boca, y comprobando que el pecho de la víctima sube y baja. Repetir la insuflación cada 4 o 5 segundos, para conseguir de 12 a 15 insuflaciones por minuto.
- **Masaje cardíaco externo:** se realiza cuando la víctima no tiene pulso. Consiste en realizar compresiones rítmicas y regulares, con el talón de la mano, sobre la base del esternón de la víctima tumbada (cuatro o cinco centímetros por encima de la "boca del estómago"). El ritmo de las compresiones debe ser de 80-100 por minuto, y es importante comprimir pero también descomprimir para que el corazón se expanda.

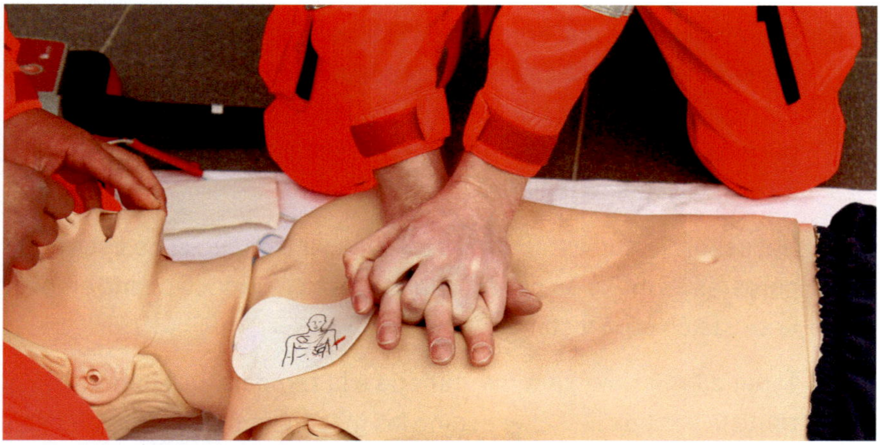

Respiración cardiopulmonar, lo ideal es que un monitor/a realice la respiración boca a boca y otro/a, al mismo tiempo, el masaje cardíaco externo.

- **Respiración cardiopulmonar (RCP):** la maniobra de reanimación cardiopulmonar o de soporte vital (SV) se aplica a víctimas que han sufrido una parada cardiorrespiratoria. Podemos dividirla en tres partes, primero abrir la vía aérea con la maniobra frente-mentón, y después realizar la respiración artificial y el masaje cardíaco externo, realizando cinco presiones sobre el pecho y una insuflación.

Una vez que hemos finalizado de aplicar el protocolo de emergencia, cuyo último paso es realizar una valoración secundaria para explorar posibles lesiones, realizaremos aquellos primeros auxilios que sean necesarios según diferentes supuestos de accidentes más comunes en las actividades de tiempo libre:

- **Heridas**

  Son lesiones con rotura de piel debidas a golpes o traumatismos, por lo que existe riesgo de infección y posibles lesiones en órganos o tejidos más profundos (músculos, nervios, vasos sanguíneos. Pueden ser superficiales, graves profundas, y graves con perforaciones y amputaciones.

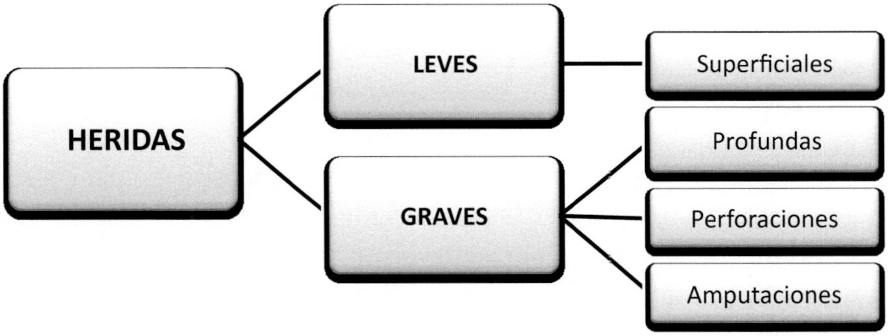


  Ante una herida los monitores/as de tiempo libre debemos tomar las siguientes medidas:

  — Lavarnos las manos y utilizar guantes si tenemos.

  — Utilizar agua y jabón o suero fisiológico para limpiar la herida, utilizando gasas estériles y barriendo la herida de dentro a fuera.

  — Tapar la herida utilizando apósitos estériles (gasas, esparadrapo, etc.).

  — Si la herida es profunda y sangrante, contener la hemorragia taponando con gasas.

  — Si la herida es penetrante, no extraer nunca el cuerpo extraño, solo inmovilizarlo.

  — En el caso de amputación, además de controlar la hemorragia, y si procede hacer un torniquete, tenemos que cubrir el miembro amputado con apósitos estériles e introducirlo en un recipiente con hielo.

  — En caso de ser una herida grave, trasladar a la víctima urgentemente a un centro sanitario.

- **Hemorragias**

  Una hemorragia es la salida de sangre por fuera del aparato circulatorio natural, provocada por la ruptura de vasos sanguíneos como arterias, venas o capilares. En función del vaso sanguíneo afectado y del lugar donde va a parar la sangre, podemos clasificar las hemorragias del siguiente modo:

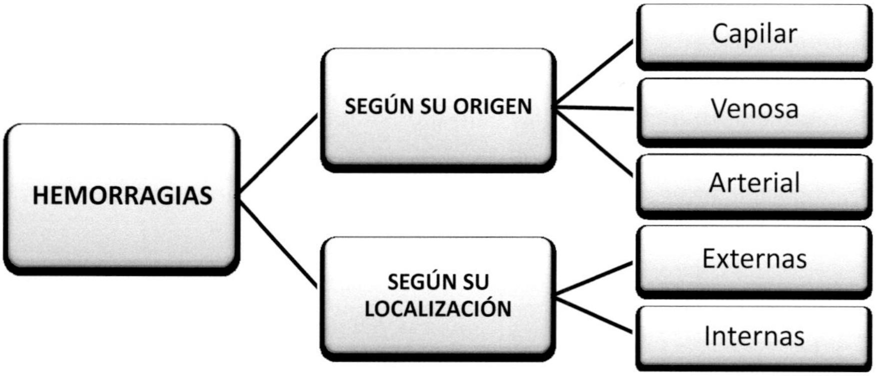


Las hemorragias que nos vamos a encontrar con más frecuencia son las hemorragias externas, en las que la sangre sale al exterior del cuerpo (en las internas la sangre se acumula en el interior del cuerpo y nosotros no podemos tratarlas). También son más frecuentes las hemorragias capilares que son superficiales y las hemorragias venosas en la que el sangrado es continuado (en las arteriales se sangra a borbotones).

Ante una hemorragia interna los trabajadores/as de tiempo libre debemos tomar las siguientes medidas:

— Lavarnos las manos y utilizar guantes si tenemos.

— Detener la hemorragia comprimiendo con una venda sobre el punto sangrante de forma mantenida. Si necesitamos otra gasa o venda la ponemos encima, pues si retiramos la primera arrastraríamos el coágulo que se está formando. Para vendar la herida lo haremos encima de las gasas que hayamos puesto.

— Tumbar a la víctima boca arriba y elevar el miembro sangrante por encima del corazón para cortar la hemorragia.

— Si no es posible hacer presión sobre el punto sangrante haremos compresión sobre los puntos arteriales más cercanos (arteria carótida, femoral, aorta, etc.).

— Como último recurso haremos un torniquete si fallan el resto de las medidas y la víctima tiene riesgo de desangrarse. Se trata de colocar una cinta ancha por encima del punto sangrante y en la base de la extremidad, anotaríamos la hora del torniquete y mantendríamos la presión hasta la llegada de los servicios sanitarios.

- **Traumatismos**

Los traumatismos son lesiones producidas por la acción violenta de un agente externo sobre el organismo y cuyas consecuencias pueden ser contusiones, fracturas, esguinces, luxaciones, etc.

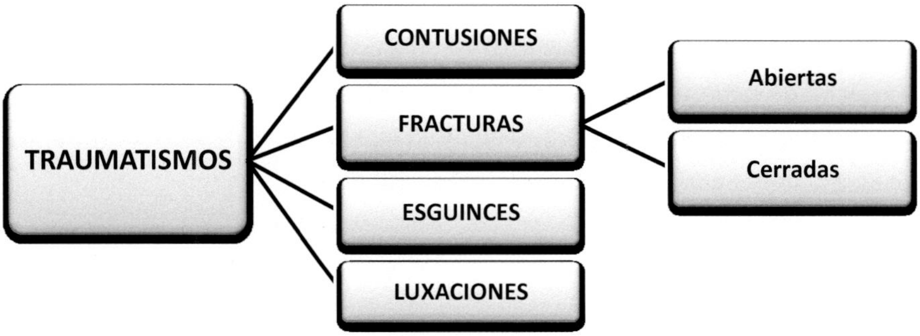


Las contusiones se diferencian de las heridas en que no se produce rotura de piel y la hemorragia es interna. Las fracturas son roturas totales o parciales del hueso debidas a un golpe fuerte, y pueden ser cerradas si no hay rotura de la piel, o abiertas cuando hay rotura de la piel y se ve el hueso. Los esguinces son una torcedura o distensión violenta de una articulación que ocasiona la lesión de un ligamento. Y las luxaciones o dislocaciones se producen cuando un hueso sale de su articulación y se queda fuera de su sitio (percibiéndose una deformidad).

Ante un traumatismo los monitores/as de tiempo libre seguiremos las siguientes recomendaciones generales:

— En contusiones aplicar frío local y dejar la zona en reposo.

— En caso de fractura, nunca mover la zona afectada, solo desabrochar los botones o cordones para facilitar la circulación sanguínea. Para mover a la víctima deberemos inmovilizar la zona afectada con vendas y tablas.

— No lavar nunca heridas producidas por la fractura de un hueso, deben tratarlas los servicios sanitarios.

— En los esguinces, inmovilizaremos y elevaremos el miembro, colocando una bolsa de hielo sobre él.

— Ante una luxación, no colocar los huesos en su sitio, sino inmovilizarlos en la misma posición en que se encuentren.

- **Quemaduras**

  Son lesiones en los tejidos del cuerpo causadas por el contacto con utensilios calientes, el fuego, rayos solares, sustancias químicas, electricidad, etc. Según su origen las quemaduras pueden ser radiactivas, por ejemplo las provocadas por rayos solares, quemaduras térmicas ocasionadas por fuego o líquidos calientes, quemaduras eléctricas y quemaduras químicas son las provocadas por algún producto químico. Las quemaduras de primer grado o superficiales son las que afectan solo la epidermis (capa externa de la piel) y en ellas la zona esta enrojecida y seca paro sin ampollas; las de segundo grado afectan a la epidermis y a la capa más superficial de la dermis (capa interior de la piel) y aparecen ampollas; y en las quemaduras de tercer grado se destruye la epidermis y la dermis, viéndose el tejido carbonizado y quedando secuelas.

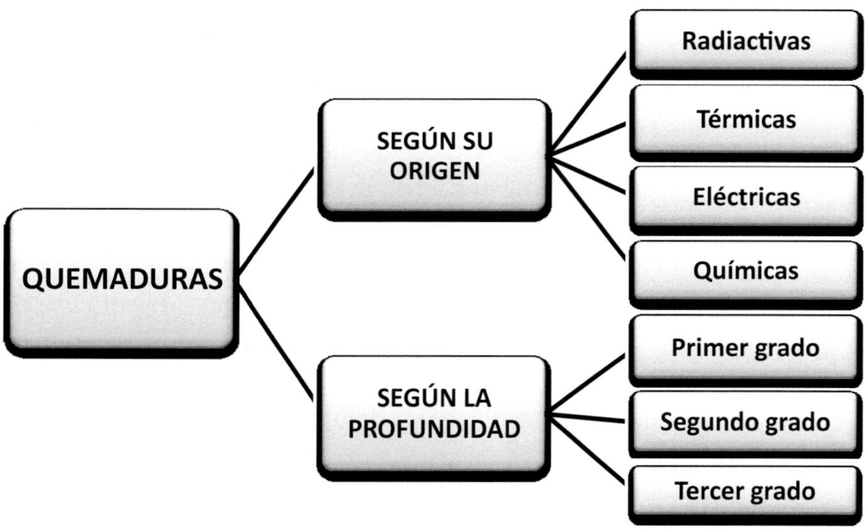


Las quemaduras más frecuentes en las actividades de tiempo libre son las quemaduras solares y las de primer grado, siendo las medidas a tomar las que siguen:

— Distanciar a la víctima de la causa de la quemadura.

— Quitar al quemado ropas y todo aquello que mantenga el calor. Si la ropa está pegada a la quemadura no se debe despegar pues provocará un daño mayor.

— Refrescar la zona quemada con agua fría en abundancia (20-30 minutos) sobre la superficie quemada.

— Si la víctima está consciente darle de beber agua.

— Nunca romper las ampollas, pues al romperlas se puede producir una infección por gérmenes.

— No aplicar pomadas, cremas, pasta dentífrica, etc. sobre la quemadura.

- **Atragantamiento**

El atragantamiento es la obstrucción accidental de las vías respiratorias por un objeto extraño (por ejemplo un caramelo o un trozo de carne), que puede llegar a provocar la asfixia de la víctima si no se atiende rápidamente. Las medidas a seguir con la persona atragantada dependerán de los siguientes casos:

— Es posible que la persona tenga una obstrucción parcial y consiga eliminar el objeto de la vía respiratoria tosiendo, en este caso lo único que haremos será animar a seguir tosiendo.

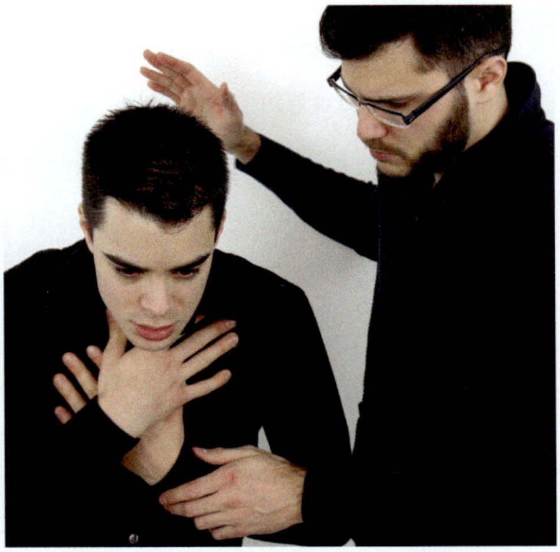

Palmadas en la espalda para resolver la obstrucción.

— Si la víctima deja de toser o respirar, comenzar a darle fuertes palmadas en la espalda. Nos pondremos de pie al lado de la víctima, le sujetaremos el pecho con una mano e inclinaremos la víctima hacia delante (para impedir que el objeto baje), y con la palma de la otra mano golpearemos cinco veces en la zona interescapular.

— Si a pesar de las palmadas no expulsa el cuerpo extraño, practicaremos la maniobra de Heimlich que consiste en unas compresiones abdominales. Situamos a la víctima de pie e inclinada hacia delante (para que el objeto salga por la boca y no baje), nos situamos detrás y colocamos ambos brazos alrededor de su abdomen a la altura del ombligo, y realizamos una compresión brusca y fuerte hacia dentro y hacia arriba y el objeto causante de la obstrucción debe salir.

- **Convulsiones**

Las convulsiones son las contracciones involuntarias y bruscas de los músculos, que provocan movimientos irregulares y violentos. Las convulsiones suelen comenzar con una pérdida brusca del conocimiento y la caída al suelo de la víctima.

Estas son algunas de las medidas que deberemos tomar los monitores/as de tiempo libre en caso de que un niño/a o adolescente empiece a convulsionar:

— Despejar de objetos y personas la zona donde está la persona afectada, para así evitar que la víctima se pueda hacer daño.

— Colocar una almohada o manta debajo de la cabeza de la víctima para evitar lesiones, y si es posible aflojarle la ropa.

— No intentar abrirle la boca a la víctima, ni inmovilizarle brazos y piernas, ni introducirle ningún objeto en la boca.

— Al finalizar las convulsiones limpiar la espuma de la boca, abrigar a la víctima y tranquilizarla.

— Revisar si la víctima se lesionó durante las convulsiones, y esperar a la llegada de los servicios sanitarios.

- **Cómo trasladar a un accidentado**

Ante el accidente de un niño/a o adolescente que realiza actividades de tiempo libre, los monitores/as aplicaremos el protocolo de emergencia (proteger, avisar y socorrer), después practicaremos los primeros auxilios en el mismo lugar en que se encuentra la víctima, sin moverla ni trasladarla, y esperaremos la llegada de los servicios sanitarios.

Por tanto, **como norma general, nunca debemos mover ni trasladar a la víctima**. Si trasladamos a la víctima innecesariamente corremos el riesgo de agravar la situación y causarle nuevas heridas, ya que si la víctima está inconsciente puede tener una lesión de columna y al trasladarla podríamos causar una discapacidad o parálisis permanente.

**Solamente en situaciones extremas de peligro inminente** deberemos trasladar a la víctima con el máximo cuidado hasta el lugar más próximo donde se le puedan prestar los primeros auxilios. Estas situaciones de peligro inminente para la vida de la víctima o del monitor/a que lo socorre son incendios, inundaciones, peligro de explosión o derrumbe de un edificio, etc.

En el momento en que decidimos trasladar a la víctima hay que tener en cuenta que al accidentado se le debe mover el cuerpo lo menos posible, y debemos garantizar que las lesiones no aumentarán, ni se le ocasionarán nuevas lesiones por movimientos innecesarios o transporte inadecuado.

También hay que tener en cuenta para el traslado, tanto la seguridad de la víctima como la nuestra propia, como la propia capacidad y la presencia de otras personas que puedan ayudarnos, y los materiales disponibles.

Se pueden utilizar diferentes **técnicas de traslado de accidentados**, para evitar ocasionar otras lesiones que agraven el estado de la víctima. Lo ideal es contar con una camilla para el traslado, pero en caso de no tenerla, existen varias formas para el traslado de víctimas en función de la situación:

— **Arrastre**: se utiliza cuando existen peligros inminentes y es necesario trasladar a la víctima y el monitor/a se encuentra solo con la víctima. Se realiza por suelos lisos. Consiste en colocar los brazos cruzados de la víctima sobre el tórax, el monitor/a agarra por detrás a la víctima introduciendo sus brazos por debajo de los hombros de la víctima y sosteniéndole con ellos el cuello y la cabeza, comienza a arrastrar a la víctima hacia un lugar seguro. Si la victima lleva puesta una chaqueta o camisa, la desabrocharemos y tiraremos de ella hacia atrás de forma que la cabeza descanse sobre la prenda. También podemos arrastrar con ayuda de una manta.

— **Cargas:** se utiliza cuando la víctima no presenta lesiones mayores y somos uno o más monitores/as. Se hace un asiento con dos manos, sobre el cual sentar a la víctima, sosteniendo al accidentado con un brazo por debajo de los muslos (brazo que se agarrará a las muñecas del otro monitor/a), y el otro par de brazos servirá para apoyar la espalda de la víctima (es la llamada silla de manos). Si la víctima pesa poco y no tiene lesiones graves, la podrá cargar un solo monitor colocando un brazo debajo de las rodillas de la víctima para sostener sus piernas, y en otro brazo alrededor de su espalda para sujetar el tronco (es el llamado abrazo de la novia). También podemos utilizar para el traslado una silla comercial.

— **Improvisación de camillas:** se realiza cuando la víctima tiene lesiones graves y hay por lo menos dos o más monitores/as permitiendo un traslado horizontal de la persona con cierto grado de comodidad y seguridad al no producir daños mayores. Si contamos con una tabla fuerte y rígida (sirve una puerta) esta es la camilla ideal para el transporte de víctimas, sobre todo las que tengan lesiones de columna o politraumatismos. Si solo contamos con una manta y dos trozos de madera fuertes, se acuesta a la víctima en posición lateral de seguridad, y al subir a la víctima a la camilla improvisada mantener siempre recto y rígido el bloque cabeza-cuello-tronco-piernas sujetando entre varias personas, y otra que introduzca debajo la camilla.

**Actividad práctica:**

*En un supuesto en el que se ha producido un accidente y tenemos dos personas accidentadas, una de ellas que presenta una fractura abierta y otra que está en parada cardiorrespiratoria. Establece el orden de preferencia de actuación con las víctimas, y que medidas de emergencia y primeros auxilios tomarías con cada una de ellas.*

## 5.6. Utilización y composición de un botiquín de urgencias

Si en las instalaciones donde se realizan actividades de tiempo libre (ludoteca, centro educativo, campamento, etc.) disponemos de una sala de primeros auxilios, este será el lugar idóneo para ubicar el **botiquín de primeros auxilios**, además debe estar en un lugar fresco, seco y oscuro (para evitar que los medicamentos y/o materiales sufran alteraciones). En cualquier caso, el botiquín debe estar colocado en un lugar a la vista, sin cerradura y fuera del alcance de los menores o adolescentes que participen en las actividades.

Todos los trabajadores/as de tiempo libre deberán conocer su ubicación, y habrá que designar a una persona que sea responsable de mantener ordenado, reponer y revisar el botiquín (sustituir los productos caducados o en mal estado, etc.). Es de gran utilizad contar con un **botiquín portátil** que sea de fácil transporte en las salidas (visitas, rutas senderistas, acampadas, etc.).

*El Real Decreto 486/1997, de 14 de abril, por el que se establecen las disposiciones mínimas de seguridad y salud en los lugares de trabajo, regula que "todo lugar de trabajo deberá disponer, como mínimo, de un botiquín portátil que contenga desinfectantes y antisépticos autorizados, gasas estériles, algodón hidrófilo, venda, esparadrapo, apósitos adhesivos, tijeras, pinzas y guantes desechables".*

El botiquín es una caja de metal o de plástico en la que deben estar guardados todos los materiales y medicamentos necesarios para atender a las víctimas en caso de accidentes o enfermedades. Las características y el contenido del botiquín van a depender del uso y de la preparación de las personas que vayan a utilizarlo. Es recomendable que en el botiquín dispongamos del **contenido indispensable** para realizar los primeros auxilios:

- **Material sanitario:**
  - — Guantes de látex desechables.
  - — Gasas y compresas estériles (envasadas por separado).

— Vendas de gasa y elásticas.

— Esparadrapo.

— Apósitos adhesivos o tiritas.

— Tijeras de punta redonda.

— Pinzas.

— Termómetro.

— Bolsa para hielo (para traumatismos).

— Manta.

- **Medicamentos**

— Desinfectantes y antisépticos autorizados.

— Alcohol etílico de 96º (para desinfectar el material de cura, termómetros etc.).

— Analgésicos-antitérmicos (para controlar el dolor y bajar la fiebre). Los más usados son la aspirina y el paracetamol.

— Suero fisiológico (para limpieza de heridas).

— Soluciones de lavado ocular.

— Antiinflamatorios tópicos.

— Crema para las picaduras.

— Crema para las quemaduras (solo quemaduras leves de primer grado).

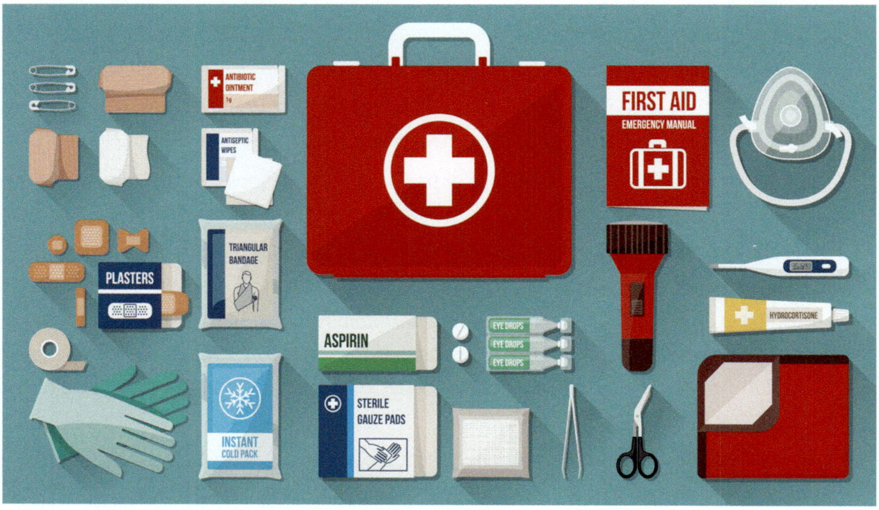


Botiquín de primeros auxilios portátil.

## 5.7. Responsabilidad civil y penal: conceptos y alcance

Como monitores/as, coordinadores/as o como directores/as de tiempo libre tenemos una serie de responsabilidades civiles y penales que tenemos que conocer dentro del ámbito de nuestras actuaciones profesionales (organización, planificación, gestión y desarrollo de las actividades de tiempo libre).

Los trabajadores/as de las actividades de tiempo libre tenemos a nuestro cargo personas menores de edad, lo que nos convierte en responsables de estos menores tanto en los perjuicios que puedan ocasionar como en los daños que puedan sufrir. Por lo que situaciones como caídas, agresiones, fenómenos meteorológicos extremos, etc. pueden exponernos a demandas, si no se observa en nuestra conducta la debida precaución y la diligencia necesarias.

La **responsabilidad civil** es la obligación, que tenemos todas las personas mayores de edad o entidades, de responder de nuestros actos personales y de los actos de aquellas personas que dependan de nosotros, con el objeto de indemnizar económicamente por los daños y perjuicios causados a un tercero.

*El Código Civil (1889) se aplicará entre otras a las actividades de tiempos libre, a través de sus artículos vinculados a la responsabilidad civil en la actuación de trabajadores/as de tiempo libre.*

*Artículo 1902:*

- *El que por acción u omisión causa daño a otro, interviniendo culpa o negligencia, está obligado a reparar el daño causado.*

*Artículo 1903:*

- *La obligación que impone el artículo anterior es exigible, no solo por los actos u omisiones propios, sino por los de aquellas personas de quienes se debe responder.*
- *Los padres son responsables de los daños causados por los hijos que se encuentren bajo su guarda.*
- *Los tutores lo son de los perjuicios causados por los menores o incapacitados que están bajo su autoridad y habitan en su compañía.*
- *Lo son igualmente los dueños o directores de un establecimiento o empresa respecto de los perjuicios causados por sus dependientes en el servicio de los ramos en que los tuvieran empleados, o con ocasión de sus funciones.*
- *Las personas o entidades que sean titulares de un centro docente de enseñanza no superior responderán por los daños y perjuicios que causen sus alumnos menores de edad durante los períodos de tiempo en que los mismos se hallen bajo el control o vigilancia del profesorado del centro, desarrollando actividades escolares o extraescolares y complementarias.*
- *La responsabilidad de que trata este artículo cesará cuando las personas en él mencionadas prueben que emplearon toda la diligencia de un buen padre de familia para prevenir el daño.*

La **responsabilidad penal** es la exigida a aquellas personas que incurren en conductas de especial gravedad que son consideradas como **delitos** (casos más graves) o como **faltas** (casos más leves). Estas conductas nos llevan a la obligación de responder a castigos con penas de multa, cárcel, inhabilitación, retirada de carnet de conducir, etc.

Estas conductas penales pueden ser cometidas de dos formas, con o sin intencionalidad. Si existe intencionalidad, la conducta es más grave y la pena será mayor (es lo que se llama actuar con "dolo"), un ejemplo sería robar un objeto en una tienda. Si no existe intención, pero se comete una negligencia importante (a esto se le denomina "culpa"), por ejemplo conducir ebrio y tener un accidente que cause lesiones al conductor contrario, la intención no es causar daños pero la conducta es altamente negligente.

Si como trabajadores/as de tiempo libre realizamos una conducta en la que existe un nivel de negligencia importante podríamos enfrentarnos a un proceso penal. Y además, como la responsabilidad penal no excluye la responsabilidad civil, si esa conducta que hemos realizado además ha provocado daños o perjuicios, también tendríamos que repararlos (indemnizarlos).

*El Código Penal (1995) establece en sus artículos la obligación de responder de los propios actos personales si estos son estipulados por la ley como faltas o delitos.*

*Artículo 10:*

- *Son delitos o faltas las acciones y omisiones dolosas o imprudentes penadas por la Ley.*

*Artículo 11:*

- *Los delitos o faltas que consistan en la producción de un resultado solo se entenderán cometidos por omisión cuando la no evitación del mismo, al infringir un especial deber jurídico del autor, equivalga, según el sentido del texto de la Ley, a su causación. A tal efecto se equiparará la omisión a la acción:*
    1. *Cuando exista una específica obligación legal o contractual de actuar.*
    2. *Cuando el omitente haya creado una ocasión de riesgo para el bien jurídicamente protegido mediante una acción u omisión precedente.*

Pero la responsabilidad no solo afecta al monitor/a directamente responsable de la conducta, sino que la responsabilidad puede extenderse también a directores/as e incluso a la entidad organizadora de la actividad (empresa, asociación, etc.).

- **Monitor/a:** la principal responsabilidad es del monitor/a que se encuentra en esa momento con los niños/as o adolescentes y cuya conducta o actuación es negligente.

- **Director/a:** también puede ser responsable ya que es el responsable último de la correcta planificación y supervisión de las actividades, así como de garantizar el correcto cumplimiento de las normas.
- **Entidad:** si además se demuestra que existe una actuación negligente en el desarrollo de una actividad organizada por la entidad, esta debe responder por lo que hagan sus trabajadores/as o voluntarios/as. Es la llamada responsabilidad subsidiaria.

## 5.8. Gestión de seguros para actividades de tiempo libre infantil y juvenil

A pesar de que en la planificación, gestión y desarrollo de las actividades de tiempo libre tengamos las máximas precauciones, siempre existe la posibilidad de que sucedan hechos que causen daños o perjuicios a terceras personas. Estos daños en función de su gravedad, pueden hacer que los trabajadores/as o las entidades de tiempo libre tengan que hacer frente a importantes cantidades económicas.

Por este motivo, toda empresa o entidad de tiempo libre deberá contratar un **seguro de responsabilidad civil**, para que sea una aseguradora quien asuma la indemnización y la defensa de las circunstancias que se puedan producir y que tengan responsabilidad civil. De este modo la compañía aseguradora cubrirá las responsabilidades civiles que les puedan ser exigidas a los trabajadores/as de tiempo libre (monitores/as, coordinadores/as y directores/as) en el desarrollo de su actividad, así como a la propia entidad.

A la hora de contratar una póliza de seguros tendremos que poner especial atención a las **coberturas** que ofrece la póliza, es decir, qué sucesos cubre la póliza y cuales excluye, qué limitaciones o restricciones a la cobertura tiene. Por tanto hay que comprobar que el seguro cubre todas las actividades que tenemos previstas desarrollar en la empresa de tiempo libre, y si planificamos cambiar esas actividades o introducir actividades nuevas deberemos comunicarlas de nuevo a la compañía aseguradora (número de participantes y número de trabajadores/as y sus datos personales, dirección completa del lugar donde se realiza la actividad, tipo de actividades, duración de las actividades, etc.).

Además tendremos que comprobar la cantidad asegurada, porque normalmente hay un límite máximo asegurado que suele ser por siniestro y por año (por ejemplo 60.000 euros, 90.000 euros, 120.000 euros, etc.). Esto significa que la compañía abonará las responsabilidades hasta una determinada cantidad para un solo suceso, o si hay varios sucesos en el mismo año, hasta cierto límite sumando las cantidades de cada suceso. Otra opción sería contratar un seguro de responsabilidad civil ilimitada, pero para este tipo de seguros el coste de la prima anual a pagar es mucho mayor.

*A pesar de que tengamos cubierta nuestra responsabilidad civil con la contratación de un seguro, no olvidemos que tenemos otras responsabilidades que los seguros no cubren, como la responsabilidad penal y la responsabilidad profesional.*

Además del seguro de responsabilidad civil, las empresas de tiempo libre deben contratar un **seguro de accidentes** que cubra no solo a los participantes en las actividades de tiempo libre, sino también a los propios trabajadores/as en caso de que sufran un accidente. Por último, siempre es aconsejable para determinadas actividades extraordinarias que se tenga por escrito una **autorización** de los padres o tutores legales de los participantes en las actividades de tiempo libre que sean menores de edad.

## 5.9. Análisis y gestión de las fuentes de información sobre actividades de educación ambiental, campismo y excursionismo

Para analizar y gestionar las fuentes de información en materia medioambiental, recurriremos a recursos similares que los que hemos comentado en apartados anteriores:

Las fuentes de información a las que podemos acudir son las ya comentadas anteriormente, y algunas más:

- **Guías, libros y manuales medioambientales.**
- **Legislación en materia medioambiental, y el Libro Blanco de la Educación Ambiental en España**, el cual ofrece ideas y propuestas para que la educación ambiental contribuya a mejorar la participación de la población en la prevención y resolución de los problemas ambientales.
- **Páginas web y blogs**: que contienen información sobre multitud de recursos sobre actividades medioambientales, campismo y excursionismo.
- **Buscadores de internet o motores de búsqueda.**
- **Redes sociales**: donde usuarios y grupos intercambian opiniones y experiencias en materia medioambiental y comparten recursos de elaboración propia.

- **Resúmenes de tesis doctorales y artículos de revistas.**
- **Bases de datos y catálogos documentales.**
- **Listas de distribución.**
- **Instituciones, asociaciones y organismos dedicados al medio ambiente,** que son fuentes importantes de información en educación ambiental y espacios protegidos:
  - **Centro de Documentación del Agua y del Medio Ambiente (CDAMA), Zaragoza.** En su web incluye multitud de recursos educativos medioambientales y una Guía de lectura sobre educación ambiental http://www.zaragoza.es/contenidos/medioambiente/cda/guia-educacionambiental-2013.pdf
  - **Centro de Documentación del Centro Nacional de Educación Ambiental (CENEAM).** En esta página web del Ministerio de Agricultura, alimentación y Medio Ambiente encontramos multitud de recursos, guías, materiales, artículos, fototeca, etc. http://www.magrama.gob.es/es/ceneam/
  - **Organismo Autónomo Parques Nacionales (OAPN).** Responsable de la coordinación, la proyección y el impulso de la Red de Parques Nacionales, nos puede aportar mucha información sobre actividades de educación ambiental a desarrollar en los parques naturales españoles. http://www.magrama.gob.es/es/parques-nacionales-oapn/publicaciones/
  - **Asociaciones de Educación Ambiental**, como la Federación de entidades de Educación Ambiental (FEEA) y la Asociación Española de Educación Ambiental. También en las distintas comunidades autónomas existen asociaciones que pueden proporcionarnos formación en materia medioambiental, información sobre recursos de la zona, asistencia a congresos, etc.

# Resumen

Los directores/as, coordinadores/as y/o monitores/as de tiempo libre tenemos la obligación de conocer la normativa de seguridad e higiene aplicable a los diferentes contextos en los que realizamos nuestro trabajo. Además, antes de realizar cualquier actividad de tiempo libre tenemos que detectar las potenciales causas y situaciones de riesgo en función del tipo de actividad, materiales, lugar, hora y clima previsto, características de los participantes, etc.

Los trabajadores de tiempo libre debemos conocer los riesgos y accidentes más comunes que pueden sucedernos durante las actividades de tiempo libre, especialmente en el medio natural (riesgos naturales, riesgos tecnológicos, etc.), para así poner en práctica las medidas de prevención y seguridad necesarias para minimizar el riesgo de que se produzca un accidente.

Si a pesar de todas las medidas que hemos tomado, algunos de los menores o adolescentes que participan en las actividades de tiempo libre sufren algún accidente o enfermedad repentina, deberemos conocer y desarrollar el protocolo de intervención (P.A.S), las técnicas de primeros auxilios en diferentes supuestos de accidentes, y las técnicas de traslado de accidentados.

# Test de autoevaluación

5.1. Son condiciones de seguridad para evitar caídas al mismo nivel:

a) No realizar desplazamientos que impliquen en uso de escaleras con los menores.

b) Los cables de los aparatos eléctricos que estén en el suelo o zonas de paso deberán estar lo más ordenados que sea posible.

c) Mantener el suelo de los pasillos y zonas de paso limpio y libre de cualquier obstáculo.

d) Todas las opciones anteriores son correctas.

5.2. Son medidas de prevención de los riesgos termchigrométricos:

a) Adecuar la intensidad de la actividad a las características de los participantes en las rutas senderistas.

b) Cubrir la mayor parte de piel posible con prendas de abrigo si los menores están en ambientes fríos.

c) Evitar las zonas de sol y las horas centrales del día en épocas de mucho calor.

d) Todas las opciones anteriores son correctas.

5.3. Los primeros auxilios son las técnicas de carácter inmediato que se les aplican a las víctimas:

a) En el lugar de los acontecimientos hasta que llegue la asistencia médica o antes de ser trasladado a un centro sanitario.

b) En el centro sanitario o de protección civil cuando la víctima ya ha sido trasladada y sufre una parada cardiorrespiratoria.

c) En el lugar de los acontecimientos exclusivamente por parte del personal sanitario o de protección civil.

d) Ninguna de las opciones anteriores es correcta.

5.4. Según el protocolo de emergencia (PAS) para atender a la persona accidentada seguiremos el siguiente orden de intervención:

a) Avisar al centro sanitario, proteger al accidentado de cualquier eventualidad que pueda volver a dañarlo, y socorrer.

b) Llamar al 112, situar a la víctima fuera de la zona de peligro, curarle todas las hemorragias graves y realizar la respiración artificial si comprobamos que la víctima no respira.

c) Proteger a la víctima de posibles peligros, alertar a los servicios de emergencia, comprobar la consciencia del herido, su respiración y pulso, y explorar el cuerpo en busca de fracturas y hemorragias.

d) Todas las opciones anteriores son correctas.

5.5. Es una medida a seguir con una persona que sufre atragantamiento:

a) Practicar a la víctima la maniobra de Heimlich que consiste en compresiones abdominales.

b) Si la víctima tiene una obstrucción parcial alentaremos a la persona para que tosa y consiga eliminar el objeto de la vía respiratoria.

c) Dar fuertes palmadas a la víctima en la espalda en el caso de que deje de respirar o toser.

d) Todas las opciones anteriores son correctas.

# Bibliografía

AMABILE, T. M. (1988). *A model of creativity and innovations in organizations.* Creative Research Journal, 2, 231-253.

BEJERANO GONZÁLEZ, F. (2009): *La Expresión Plástica como fuente de creatividad.* Cuadernos de Educación y Desarrollo, Nº 4, Junio 2009. Extraído el 3 de Abril de http://www.eumed.net/rev/ced/04/fbg.htm.

BENÍTEZ RODRÍGUEZ, L. (2011): *La expresión corporal y el teatro.* Innovación y experiencias educativas, Nº 39. http://www.csi-csif.es/andalucia/modules/mod_ense/revista/pdf/Numero_39/LETICIA_BENITEZ_1.pdf

CABERO, J. y DUARTE, A. (1999): *Evaluación de medios y materiales de enseñanza en soporte multimedia.* Pixel-Bit. Revista de Medios y Educación, 13, 23-45.

CABRERA MÉNDEZ, M. (2010): *Introducción a la documentación informativa.* Universitat Politècnica de València. Escuela Politécnica Superior de Gandía.

CASTAÑO PRADOS, I. (2009): *Protocolo de actuación ante situaciones de emergencias sanitarias en el aula educativa.* Revista digital Innovación y experiencias educativas. Febrero 2009, Num. 15. http://www.csi-csif.es/andalucia/modules/mod_ense/revista/pdf/Numero_15/ISAAC_CASTANO_1.pdf

DECROLY, Ovide (1987): *Experiencias educativas e innovadoras.* Editorial Passat. Madrid.

DEVÍS, José y PEIRÓ, Carmen (1992): *Nuevas perspectivas curriculares en educación física: la salud y los juegos modificados.* Inde. Barcelona.

DINELLO, Raimundo (1992): *Pedagogía de la Expresión.* Ediciones Nuevos Horizontes, Montevideo.

DINELLO, Raimundo (2007): *Tratado de Educación.* Montevideo, Uruguay.

FERNÁNDEZ DE PINEDO, C. (2001): *Monitor de tiempo libre.* Gobierno de Navarra. Pamplona.

García Ferrando, M. (1990): *Aspectos sociales del deporte: una reflexión sociológica.* Alianza. Madrid.

Giménez Fajardo, T. (2011): *Animación con canciones.* DINSIC Publicacions Musicals, S. L., Barcelona.

Granero Gallegos, A. (2007): *Una aproximación conceptual y taxonómica a las actividades físicas en el medio natural.* EFDeportes.*com, Revista Digital.* Buenos Aires, Nº 107 *http://www.efdeportes.com/efd107/aproximacion-conceptual-y-taxonomica-a-las-actividades-fisicas-en-el-medio-natural.htm*

Guillén Nicolás, J. L. (2011): Una propuesta de actividades físicas en el medio natural con alternativas para su realización en el medio escolar. *EFDeportes.com, Revista Digital.* Buenos Aires, Nº 156 http://www.efdeportes.com/efd156/actividades-fisicas-en-el-medio-natural.htm

Instituto Nacional de Seguridad e Higiene en el Trabajo (2002): Manual de procedimientos de prevención de riesgos laborales. Guía de elaboración. Ministerio de Trabajo y Asuntos Sociales. Madrid.

Martínez Gómez, D. y Manzano Fernández, M. (2006): *La responsabilidad profesional en el ocio y tiempo libre.* Revista digital de Educación Física. Agosto, Año 11, Núm. 99.

Mendía Gallardo, R. (1991): *Animación sociocultural de la vida diaria en la tercera edad.* Servicio de Publicaciones Gobierno Vasco. Vitoria-Gasteiz.

Moreno Palos, C. (1992): *Juegos y deportes tradicionales en España.* Alianza Deporte. Madrid.

Muñoz Díaz, J. C. (2010): *La parte final de la sesión de educación física.* Juegos. Revista digital de Educación Física. Enero-febrero 201, Año 1, Núm. 2.

Puig Rovira, J. M., Trillas, J. (1996): *La pedagogía del ocio.* Editorial Laertes. Barcelona.

Sánchez Igual, J. E. (2005): *Actividades en el Medio Natural y Educación Física.* Wanceulen. Sevilla.

*Temas para la educación.* Revista digital para profesionales de la enseñanza, Nº 11, Noviembre 2010.

Trujillo Navas, F. (2009): La carrera de orientación en el medio natural. *EFDeportes.com, Revista Digital*. Buenos Aires, Nº 139 http://www.efdeportes.com/efd139/la-carrera-de-orientacion-en-el-medio-natural.htm

VV. AA. (1999): *Libro blanco de la Educación Ambiental en pocas palabras*. Versión divulgativa. Ministerio de Medio Ambiente.

VV. AA. (1999): *Libro Blanco de la Educación Ambiental en España;* Ministerio de Medio Ambiente.

# Webgrafía


Guía de animación en el medio rural "El juego un elemento para la dinamización", Consejo de la Juventud de Castilla y León *http://www.cjcyl.es/publicacion/guía-de-animación-en-el-medio-rural-el-juego-un-elemento-para-la-dinamización*

Guía Prevención de riesgos laborales en centro docentes. Gobierno de Canarias, Consejo de Empleo, Industria y comercio http://ceoe-tenerife.com/documentos/GU%C3%8DA%20PRL%20EN%20CENTROS%20DOCENTES.pdf

Manual del Monitor de Tiempo Libre, Gobierno de Navarra http://www.navarra.es/home_es/Temas/Juventud/Publicaciones/Guias/

Orden FAM/951/2007, de 18 de mayo, por la que se aprueba un sistema de evaluación de riesgos en actividades juveniles de tiempo libre en Castilla y León http://www.jcyl.es/web/jcyl/Familia/es/Plantilla100DetalleFeed/1246988963464/Normativa/1229075326060/Redaccion

Prevención docente, Riesgos derivados del trabajo en el aula http://www.prevenciondocente.com/riesgosaula.htm

*http://es.wikipedia.org/wiki/Pedagog%C3%ADa_de_expresi% C3%B3n_ludocreativa*

http://carloschurba.wikispaces.com/Ejercicios+para+Estimular+la+Creatividad

http://www.edukanda.es/mediatecaweb/data/zip/1088/page_12.htm#

http://www.teocio.es/portal/ed-no-formal/ocio-y-tiempo-libre/la-velada

https://actividadesludicas2012.wordpress.com/

http://www.teocio.es/portal/ed-no-formal/medioambiental/campismo-y-aire-libre

https://www.zaragoza.es/ciudad/sectores/jovenes/cipaj/publicaciones/tiempolibre08.htm